ALPHONSE LAIGLE

OFFICIER D'ACADÉMIE

LA
DÉNONCIATION

DES

TRAITÉS DE COMMERCE

Résumé sérié et annoté
De la discussion générale de notre régime
Douanier
Devant la Chambre et le Sénat

PARIS

LECÉNE, OUDIN ET Cⁱᵉ, ÉDITEURS

17, RUE BONAPARTE, 17

1892

LA DÉNONCIATION

DES

TRAITÉS DE COMMERCE

ALPHONSE LAIGLE

OFFICIER D'ACADÉMIE

LA DÉNONCIATION

DES

TRAITÉS DE COMMERCE

Résumé sérié et annoté
De la discussion générale de notre régime
Douanier
Devant la Chambre et le Sénat

PARIS

LECÈNE, OUDIN ET Cⁱᵉ, EDITEURS

17, RUE BONAPARTE, 17

1892

INTRODUCTION

La dénonciation des traités de commerce et l'élaboration de notre nouveau régime douanier constituent l'œuvre la plus considérable dont le Parlement ait eu à s'occuper depuis longtemps, au triple point de vue de notre agriculture, de notre industrie et de nos finances.

D'autre part, jamais discussion n'ayant été préparée d'aussi longue main et par des études aussi complètes, on est fondé à dire que tout ce qui pouvait y être introduit d'utile l'a été de la façon la plus sérieuse et souvent la plus éloquente, par les représentants les plus autorisés des intérêts en jeu.

Malheureusement, et à cause même de

leur ampleur, ces débats, dont l'ensemble peut être considéré comme une sorte de mise au point de notre situation économique, n'ont pu être suivis par le public, par les travailleurs, à qui les journaux en ont à peine donné le sommaire plutôt que le résumé.

Il y a plus : des gens intelligents nous ont avoué qu'après avoir suivi assez assidûment les comptes rendus complets du *Journal officiel*, ils n'en restaient pas moins dans une certaine confusion d'esprit sur le fond de la question.

C'est qu'il en est de cette discussion comme de tous les débats importants et complexes où les avocats des parties, refaisant, chacun à son point de vue, l'exposé de l'affaire, et noyant à qui mieux mieux dans les replis d'une présentation savante les points faibles de leur cause, arrivent tous à faire illusion sur le bien fondé de leurs prétentions.

Pour y voir vraiment clair, il est indispensable de diviser, de sérier les questions; puis, les points essentiels étant circonscrits et mis en pleine lumière, de rechercher le pour et le contre qui s'y appliquent nettement, à l'effet de les opposer l'un à l'autre, dégagés de toute rhétorique.

Ayant effectué ce travail, sans parti pris, pour notre compte particulier, et ayant vu la vérité s'en dégager pour ainsi dire d'elle-même, il nous a semblé que sa publication pouvait avoir une réelle et durable utilité, d'autant plus que les attaques dont les nouveaux tarifs sont l'objet depuis leur promulgation ne sont, comme on le verra, que la répétition d'arguments hautement réfutés devant la Chambre et devant le Sénat.

LA DÉNONCIATION

DES

TRAITÉS DE COMMERCE

LA DÉNONCIATION DES TRAITÉS DE COMMERCE A-T-ELLE ÉTÉ RÉCLAMÉE PAR LA GRANDE MAJORITÉ DU PAYS ? PROTECTION ET DÉMOCRATIE.

Les partisans des traités de commerce croient pouvoir dire que la proposition de dénoncer ces traités n'a pas été précédée d'une enquête contradictoire, et que les intéressés dans la question n'ont pas été consultés comme ils devaient l'être.

De l'avis de M. Lockroy, c'est à tort qu'on s'appuie sur ce que 35 chambres de commerce seulement se sont prononcées en faveur des traités, tandis que 62 se sont prononcées contre. Les 35 représentent une population de 4,999,000 habitants, alors que les 62 ne représentent qu'une population de 2,405,000.

D'après M. Challemel-Lacour, ceux qu'on a consultés n'ont répondu que sur des questions spéciales, sur leurs intérêts particuliers, alors que c'est une décision d'intérêt général qu'il s'agissait de prendre. Partant de là, cet orateur s'est attaché à démontrer que les maximes sur lesquelles repose la doctrine de la protection ont été de tout temps, dans tous les pays, en Angleterre comme en Prusse, en Autriche comme en France, et sont encore aujourd'hui les maximes des classes les plus conservatrices, pour ne pas dire les plus rétrogrades. En Amérique, prétend-il, c'est une petite aristocratie financière siégeant dans le Wall Street à New-York, qui brasse, au profit de ses usines et de ses monopoles, les lois dont le résultat est de condamner la population tout entière au renchérissement de la vie. — Déjà M. Lockroy avait dit : « Quant aux Etats-Unis, qu'on vous cite pour exemple, s'ils sont protectionnistes vis-à-vis de l'Europe, ils observent entre eux le régime du libre échange. Ils n'ont à entretenir ni une armée, ni une flotte comparables aux nôtres. L'agriculture y est aux mains d'une oligarchie industrielle et financière, et leur dette hypothécaire s'élève à 14 milliards. La France ne doit pas plus vouloir ressembler à ce pays qu'à l'Allemagne. » — Appuyant sur ce rapprochement, M. Challemel-Lacour ajoute :

« De ce que les paysans propriétaires sont nombreux en France, on se trompe grossièrement si l'on croit que le sol de la France est aux mains des paysans. D'après une statistique de la propriété rurale, la petite culture comprend en tout 12,450,000 hectares, moins du quart de la surface exploitée ; la moyenne culture possède 14,815,000 hectares ; et enfin la grande culture, la seule où l'on fait sur une vaste échelle le blé, le vin et le bétail, celle à qui profite le plus largement la protection, tient 22,260,000 hectares, c'est-à-dire les 45 centièmes de la totalité du sol exploité. Ceux qu'on protège le plus, ce sont donc les forts et les riches ; la protection est un privilège. »

C'est sur cette idée de privilège qu'il a insisté de nouveau, quand il a conclu en disant qu'il fallait prendre garde de donner aux adversaires du gouvernement parlementaire le droit de dire que les Chambres républicaines ressemblent à toutes les autres, et que ces Assemblées ne sont occupées qu'à rechercher solennellement, à découvrir, à inventer des prétextes spécieux de sacrifier l'intérêt public à des intérêts particuliers, à une classe de privilégiés.

A la Chambre, l'allégation produite par M. Lockroy qu'on n'avait pas fait d'enquête a été relevée d'abord par M. Viger, qui a rappelé que, depuis deux ans, toutes les chambres de commerce ont été appelées à émettre leur avis motivé. « Et certes, on n'est pas fondé à dire que celles d'entre elles qui se sont prononcées pour la continuation des traités, si elles sont les moins nombreuses, représentent une population bien plus considérable, car il ne faut pas envisager seulement la population des villes où siègent ces assemblées, mais la population industrielle du rayon qu'elles représentent. — D'un autre côté, on a la consultation des représentants directs du suffrage universel, des conseillers généraux. La grande majorité des conseils généraux s'est prononcée contre le système des traités de commerce avec tarifs annexés. »

Il appartenait au gouvernement de confirmer l'exactitude des faits sur lesquels se fonde cette réponse, et c'est ce qu'a parfaitement compris M. Jules Roche, ministre du commerce :

« Le gouvernement, a-t-il dit, s'est trouvé en présence d'une volonté indéniable du pays. Nous vivons en République, nous sommes une démocratie libre ; et comment dire que, dans un tel pays, la volonté nationale ne doit pas être respectée ? C'est elle, en définitive, qui dirige nos décisions et qui les dicte de haut, dans le domaine économique comme dans le domaine politique, et, si nous obéissons au pays en établissant une constitution républicaine, en faisant des lois républicaines, en marchant sans cesse dans la voie du progrès, en lui accordant la liberté politique qu'il réclame parce qu'il est le maître, ne devons-nous pas également obéir au pays lorsqu'il réclame, avec une clarté indiscutable, un certain régime économique ? — Et lorsque vous voyez l'immense majorité des chambres de commerce elles-mêmes se prononcer, en définitive, contre la continuation du régime de 1860, — puisque sur 103 chambres de commerce consultées, 15 seulement ont demandé la continuation du régime des traités à long terme et avec tarifs annexés, tels qu'ils existaient auparavant, — comment ne pas tenir compte de cette volonté exprimée dans les comices électoraux, et aussi par les conseils généraux, par les conseils municipaux, par les groupements libres de citoyens, par les institutions qui représentent légalement le commerce et l'industrie ! »

Quant à l'accusation dirigée contre les protectionnistes de travailler en faveur d'une classe de privilégiés pour le plus grand préjudice du peuple, outre qu'elle avait provoqué de véhémentes protestations comme celle-ci, de M. Biré : « La protection, c'est simplement le droit de vivre ! » et cette autre, de M. de l'Angle-Beaumanoir : « Ce sont les petits cultivateurs qui réclament le plus la protection du blé ! » elle a fait le sujet des premiers mots de la réplique de M. Dauphin au discours de M. Challemel-Lacour.

« Je ne puis laisser passer sans une protestation immédiate, a-t-il dit, le reproche adressé à la commission des douanes d'avoir sacrifié l'intérêt des consommateurs au désir de lucre de l'agriculture et de l'industrie, alors qu'au contraire elle s'est surtout attachée à organiser la défense du travail, c'est-à-dire des travailleurs, plus que de ceux qui détiennent le capital et la direction des affaires... Quels sont dans nos campagnes ceux qui se plaignent, ceux qui ne peuvent au bout de l'année ni obtenir un petit bénéfice, ni même payer leurs fermages ? Ce sont les petits fermiers, ce sont les ouvriers qui, ne gagnant plus assez, viennent se jeter dans nos villes, alors qu'ils auraient peut-être mieux fait de rester dans leurs campagnes. Non : la protection de l'agriculture, qui fut naguère si près de sa ruine, n'est pas une largesse à des privilégiés. C'est le travail qui l'implore. La distinction n'est pas plus juste entre la main-d'œuvre et le capital qu'entre les grands et les petits propriétaires. Nous sommes dans un temps où les diverses classes ne peuvent vivre que l'une par l'autre. Les salaires dépendent de la prospérité de l'industrie. C'est encore ici le travail que le projet de loi veut protéger. L'intérêt est commun ; la défense est pour tous. »

M. Fresneau, dont on sait la haute compétence dans les choses de l'agriculture, a complétement bouleversé les chiffres de M. Challemel-Lacour relatifs aux détenteurs de la propriété foncière en France. Tant s'en faut que notre sol soit aux mains de l'aristocratie comme en Angleterre. La vérité, c'est qu'il y a en France 5 millions 682,000 exploitations rurales ; que, sur ce nombre, 6 p. 100 sont aux mains des métayers, 14 p. 100 aux mains des fermiers, et 80 p. 100 sont exploitées directement par les propriétaires. Et quels propriétaires ? Des propriétaires dont quatre millions et demi ne possèdent pas trois hectares chacun, et dont sept à huit millions n'en possèdent pas six. Voilà la vérité !

M. Jules Ferry ne comprend pas qu'on ait cru

pouvoir attribuer à des manœuvres de la Société
des agriculteurs de France l'immense mouvement
d'opinion qui s'est produit contre les traités de
commerce ; et, reprenant l'assimilation faite du
caractère de ce mouvement avec le caractère pré-
tendu factice de ce qui se passe en Amérique, il
ajoute :

« De même, loin d'être dû aux intrigues d'un
comité de financiers qui réside dans une rue de
New-York, le développement des idées protectionnistes dans l'Amérique du Nord est un fait datant
de plus de trente années. Depuis le tarif Morill
de 1861, ce mouvement n'a cessé de croître contre
vents et marées, à travers toutes les vicissitudes
de la politique. Que ce soient les républicains qui
arrachent le pouvoir aux démocrates, ou les démocrates qui chassent les républicains du pouvoir, la
protection demeure la règle de tous les partis.
Aussi tous ceux qui connaissent les Etats-Unis
estiment-ils que c'est vraiment une grande naïveté
de croire que l'avènement du parti démocratique
changerait d'une façon appréciable pour l'Europe
l'état actuel des choses.

« Non, ce n'est pas la Société des agriculteurs
de France qui a fait le mouvement protectionniste,
pas plus que ce n'est une cabale d'agioteurs de

New-York qui a suscité la politique protectionniste des Etats-Unis de l'Amérique du Nord. Non, c'est bien un mouvement qui sort du fond du peuple ; c'est bien le cri d'une agriculture souffrante, patiente, parce qu'il n'y a rien de plus patient que le peuple de nos campagnes ; il n'y a rien de plus laborieux, rien de plus résigné, et il ne se plaint que quand il sent en quelque sorte la misère qui l'étreint à la gorge. »

En résumé, chez nous, il s'agit des revendications de 8 millions de propriétaires, dont 89 p. 0[0 possèdent moins de 6 hectares. Et, pour être petits propriétaires, ils n'en souffrent pas moins de l'abaissement constant du prix de la propriété foncière en notre pays depuis douze années, abaissement qui devient normal et qui va jusqu'à 30 et 50 p. 0[0 dans quelques régions.

A l'égard des salaires, question effleurée par M. Dauphin et qui fera plus loin l'objet d'un chapitre spécial, M. Jules Ferry a pu ajouter que l'exemple de l'Amérique est également là pour prouver que la politique de la protection est essentiellement démocratique, en ce sens qu'elle contribue à l'élévation du salaire de l'ouvrier. « Par l'effet de la concurrence intérieure qu'il faut prévoir et même souhaiter, la rémunération

1*

du capital décroît dans ce grand Etat jeune, qui s'est si soigneusement entouré d'un haute barrière de douane : la rémunération du capital va baissant; mais la rémunération du travail s'élève incessamment ; c'est là un fait décisif, dont l'éloquence parle plus haut que toutes les théories. Il nous dit en quelque sorte : « Augmentez la production et ne vous préoccupez pas de savoir si la concurrence intérieure entre les producteurs fait ou ne fait pas les affaires du capital ; mais considérez avant tout l'intérêt du travail, et tirez de cette marche ascendante des salaires américains la conclusion que ce que protége avant tout le système protecteur, ce système qu'on dénonce à la démocratie comme un ennemi personnel, ce qu'il protége par-dessus tout et avant tout, c'est le salaire de l'ouvrier (1) ! »

(1) Ce fait en apparence contradictoire de la rémunération du travail s'élevant tandis que celle du capital s'abaisse, est aujourd'hui reconnu par tous ceux que préoccupent les questions sociales. « L'accumulation des capitaux tend à réduire le rendement du capital, dit M. Anatole Leroy-Beaulieu. C'est là un fait qui crève les yeux de qui ne veut pas les fermer. L'indolent égoïsme du rentier ne se lamente pas à tort : il lui devient de jour en jour plus difficile de vivre de ses revenus. Aux riches mêmes, la baisse du taux de l'intérêt rendra bientôt l'oisiveté mal-

Si MM. Lockroy et Challemel-Lacour, l'un à la Chambre et l'autre au Sénat, ont cru pouvoir contester le caractère et les résultats de l'enquête sur l'opportunité de dénoncer les traités, un autre libre-échangiste, M. Aynard, a reconnu très nettement que l'idée protectionniste avait conquis la majorité de l'opinion publique. Il en trouve l'explication dans ce que « les protectionnistes offrent quelque chose se traduisant par des relèvements de droits dont chacun attend merveille, tandis que les libre-échangistes ne peuvent offrir que la liberté et la justice, principes dont la valeur morale ne saurait balancer la valeur matérielle des deniers sur lesquels on compte. » — Quelle que soit la forme que revête cette reconnaissance, elle vient compléter et au delà la démonstration de la vérité sur le premier des points mis en discussion.

De même, pour achever de prouver que, des

aisée. Ce n'est rien moins qu'une révolution économique qui va s'accomplissant sous nos yeux, — une révolution au détriment du capital, à l'avantage des bras du prolétaire. » — Pour notre compte personnel, qu'il nous soit permis de le dire, l'intuition et la constatation de cette vérité économique nous avait dicté, longtemps avant ceci, les conclusions de notre livre sur *L'Éducation au point de vue de la lutte pour la vie*. 1 vol. in-18, chez Lecéne, Oudin et Cie.

deux doctrines en présence, celle du libre échange,
loin de sauvegarder, comme elle le prétend, les
intérêts du travailleur, leur est essentiellement
contraire, deux des protectionnistes les plus mili-
ants, M. Jamais et M. Turrel, ont invoqué le
témoignage de Proudhon. Celui-ci, en effet, ne
peut être classé ni comme conservateur, ni comme
réactionnaire, encore moins comme aristocrate.
Ayant constamment vécu de la vie des prolé-
taires, il ne saurait non plus être récusé comme
incompétent quand, parlant en leur nom, il dit
ceci :

« Par le libre échange, la concurrence anarchi-
que est élevée, dans les pays échangistes, à sa
plus haute puissance ; le petit commerce, la petite
fabrique sont écrasés ; la classe moyenne, anéantie ;
la plèbe, domptée ; tout cela d'autant plus sûre-
ment que le dernier et le plus rude coup, partant
du dehors, semble l'effet du destin et ne laisse
aucune place à la plainte, et que, grâce au pres-
tige de ce mot « liberté », si étrangement pros-
titué, on a rendu les travailleurs eux-mêmes com-
plices de leur propre infortune.

« ..... Le libre commerce, c'est-à-dire le libre
monopole, est la sainte alliance des grands feuda-
taires du capital et de l'industrie, le mortier

monstre qui doit achever sur chaque point du globe l'œuvre commencée par la division du travail, les machines, la concurrence, le monopole et la police, écraser la petite industrie et soumettre définitivement le prolétariat. »

LES TRAITÉS DE COMMERCE DE 1860, LEUR ORIGINE ET LEURS EFFETS. INVENTAIRE DE LA FORTUNE NATIONALE. LA PROPRIÉTÉ FONCIÈRE. DIFFICULTÉS ET RÉPUDIATION DES TRAITÉS A LONG TERME.

Prouver que la fortune générale de la France, loin de s'être amoindrie depuis 1860, s'est, au contraire, accrue d'une façon notable, puis poser, comme de droit, que cet enrichissement est le résultat et la preuve de l'action bienfaisante exercée par les traités de commerce, telle a été l'un des procédés d'argumentation les plus généralement employés par les libre-échangistes. Tous se sont rencontrés sur ce vague et large terrain d'entente ; tous se sont attachés à dresser, chacun à sa façon, le bilan indéfini de notre richesse nationale.

La preuve de l'accroissement quand même de cette richesse n'était heureusement pas difficile à faire. Ce qui était plus contestable et qui n'a pas manqué d'être absolument contesté, c'est la conséquence ainsi déduite *a priori* d'un fait dont l'explication tient à bien d'autres causes.

Quoi qu'il en soit, tout ce qu'il est possible de chiffrer a été repris dans l'inventaire. Dans un vaste et encyclopédique tableau tracé avec une rare aisance, M. Lockroy a fait entrer les capitaux de la caisse d'épargne, de la caisse des retraites, des sociétés de secours mutuels et jusqu'au montant des recettes des théâtres. Celles-ci qui, parait-il, étaient de 5,553,411 francs en 1848, se sont élevées à 32,138,998 francs en 1889. — Pour combien l'appoint des étrangers entre-t-il dans ce chiffre considérable invoqué comme une preuve de l'aisance du pays? Il faudrait pouvoir l'indiquer. Puis, en regard des théâtres de Paris, il y aurait à considérer ce que font ceux des départements ; or on peut affirmer, sans craindre de se tromper, que les scènes de province, même celles qui jadis furent des plus importantes, aujourd'hui périclitent, si elles ne sont fermées.

Puis M. Lockroy note des augmentations considérables dans le mouvement des chemins de fer, dans celui des postes et télégraphes, et même dans le mouvement maritime. — Ici encore, l'ancien ministre du commerce a dû additionner avec les navires français les navires étrangers qui les supplantent de plus en plus dans nos ports, car toute la suite de la discussion a fait ressortir,

comme on le verra, que notre marine marchande
est loin de se développer.

Après lui et dans le même but, M. Aynard
expose que la richesse de la France, qui est ce
qu'on peut appeler « bien faite », se caractérise
d'abord par la division de la propriété foncière.
Et dans la répartition de cette propriété, il signale
comme une chose tout à fait particulière à notre
pays, le nombre des maisons. « La France, dit-il,
possède 9 millions de maisons ; c'est le pays du
monde où il y a le plus de maisons proportionnel-
lement aux habitants. » Poursuivant sa démonstration, il ajoute :

« Au point de vue de la fortune mobilière, notre
pays est le seul au monde dans lequel on puisse
dire que la fortune mobilière soit démocratisée. —
Nous avons 4,500,000 inscriptions de rente ; les
valeurs de chemins de fer se répartissent entre plus
d'un million de familles ; il en est de même pour
les valeurs municipales, les valeurs départemen-
tales, les valeurs du Crédit foncier. — La France
est aussi le pays où on émigre le moins. Et cependant les revenus français à l'étranger sont partout
considérables. On peut, comme preuve à cet égard,
faire remarquer que les Français possèdent à eux
seuls la plus grande partie des chemins de fer

étrangers, tels que les chemins de fer d'Espagne et d'Autriche. — Enfin, au point de vue commercial, on constate qu'après l'Angleterre, la France est le pays le plus riche du monde, et que dans ses industries elle est incontestablement supérieure pour toutes les fabrications qui exigent du goût et l'art de bien faire. »

Au Sénat, M. Tirard reprend les mêmes faits, en y ajoutant ce renseignement qu'il considère comme le plus propre à mettre en lumière la puissance de l'épargne française :

« Depuis dix années, le nouveau réseau des chemins de fer a nécessité l'émission par les compagnies de 3 milliards 300 millions d'obligations. Cette émission s'est faite sans bruit, sans fracas, sans distribution de programmes retentissants, sans frais de publicité, sans grosses commissions données à des intermédiaires, simplement par les guichets ouverts dans chacune des gares, où l'épargne de tout le pays, des petits bourgeois, des petits rentiers, comme des ouvriers, est allée, comme dans les caisses d'épargne, augmenter la réserve de l'avenir. — Donc 3 milliards 300 millions d'épargne sont à ajouter aux 3 milliards dont on a constaté le dépôt dans les caisses d'épargne. C'est formidable. Il n'y a pas un pays qui donne un spectacle pareil. »

Dans la même assemblée, M. Challemel-Lacour, recherchant ce qui a pu amener la coalition protectionniste du nord et du midi, voit dans cette coalition l'effet de la crise qui, de 1883 à 1887, a pesé sur l'industrie, alors qu'une crise agricole sévissait en même temps. Mais il fait observer que « cette crise n'a pas pesé particulièrement sur la France, qu'elle a pesé au même degré sur les pays dont le régime commercial était le plus différent, sur les Etats-Unis aussi bien que sur l'Angleterre, sur la Prusse comme sur l'Italie. Comme corollaire de cette affirmation, qui aurait gagné beaucoup à être appuyée de preuves, surtout en ce qui concerne la Prusse et les Etats-Unis, l'honorable sénateur ajoute que ce n'est pas dans la concurrence étrangère qu'il faut chercher la cause de l'abaissement continu des prix des produits de l'agriculture et de l'industrie. Cette cause, il faut la chercher dans ce qui est le grand fait de ce siècle, dans le développement de la démocratie, dans l'extension prodigieuse de la clientèle, par suite du progrès de l'aisance et de l'accroissement de la richesse générale. De ce fait est résulté le développement d'une organisation industrielle qui conduit naturellement, presque invinciblement, à la surproduction ; et la surproduction a pour résultat inévitable de réduire à rien l'effet des droits de douane.

A son avis donc, les producteurs d'aujourd'hui qui réclament si haut la protection verront leurs espérances déjouées de toute façon. Le marché intérieur, une fois purgé de l'étranger, va devenir un champ de bataille acharné. L'abaissement des prix continuera quand même. Et alors qu'arrivera-t-il? Il arrivera que cet abaissement, résultat inévitable des applications de la science, de l'emploi des meilleurs procédés, aura pour effet d'élever, d'année en année, la proportion des droits déjà si forts, de les élever au point de les rendre un jour choquants, et de les faire apparaître au consommateur même le plus protectionniste, comme une extorsion intolérable.

Pour M. Jules Simon, les causes réelles des difficultés dont souffre actuellement le travail national sont au nombre de deux. La première réside dans l'accroissement énorme des charges que nos malheurs de 1870 et 1871 ont accumulées sur nos têtes. La seconde, c'est que cet accroissement de nos charges a coïncidé avec un élan prodigieux de production dans le Nouveau Monde.

*_**

Si le récit de la façon dont les traités de commerce de 1860 ont été conclus n'avait qu'un intérêt purement historique, nous ne nous y arrêterions pas ; mais les résultats différents que ces traités ont eus, pour l'industrie métallurgique d'une part et, d'autre part, pour l'industrie cotonnière, portent avec eux un enseignement qui projette une vive clarté sur toute la question de notre régime douanier.

Ainsi que M. Méline l'a exposé, les tarifs de 1860 ont eu pour point de départ une décision personnelle de l'empereur Napoléon III agissant sous l'influence de M. Michel Chevalier, un sectaire du libre échange, et de Richard Cobden, le plus Anglais des Anglais, le plus habile et, par conséquent, le plus redoutable des adversaires pour la France.

Richard Cobden n'avait, en venant en France, qu'une pensée bien arrêtée : celle de se servir de ses relations d'amitié avec l'empereur pour lui arracher un traité de faveur ; et comme c'était un esprit très pratique, il ne s'attarda pas à discuter l'ensemble des tarifs, il alla droit au but. Deux grandes industries intéressent l'Angleterre avant toutes les autres, puisqu'elles représentent les trois quarts de sa production : la métallurgie et les industries textiles ; c'est pour ces industries qu'il voulait des réductions de tarifs, et tout de suite il posa la question qui les concernait.

Pour l'industrie métallurgique, il rencontra heureusement un adversaire imprévu dans la personne de M. Schneider, depuis président du Corps législatif. Celui-ci fit des tarifs relatifs à l'industrie métallurgique, un *casus belli*; M. Schneider était une puissance avec laquelle il fallait compter, et l'empereur céda. C'est à cette circonstance que l'industrie métallurgique doit son salut.

Mais les industries textiles n'eurent pas le même bonheur, et Richard Cobden se retourna de ce côté de toute son énergie. Les plénipotentiaires de la France, MM. Rouher et Baroche, soutenaient que pour les fils les droits nouveaux pourraient aller de 10 p. 0|0 au minimum jusqu'à 25 p. 0|0 au maximum ; ils se tenaient à 14 p. 0|0, en déclarant que c'était là une concession plus que suffisante. Cobden, de son côté, n'acceptait pas ces chiffres, et entendait que la filature ne reçût qu'une protection de 10 0|0; il arguait à cet égard d'engagements pris par l'empereur et transmis à M. Gladstone. — Après trois séances passées sans qu'on pût s'entendre ni aboutir, les plénipotentiaires, sur un ordre supérieur, durent subir les propositions de Cobden (1). Depuis lors, les industries textiles protestent contre le régime qui leur est fait, et elles en ont bien le droit, car le tarif qui leur est imposé, ce n'est pas le tarif de la France, c'est le tarif de l'Angleterre. Et cependant, aujourd'hui même, leurs défenseurs sont moins exigeants que ne l'étaient les négociateurs de 1860, car les droits qu'ils réclament sont encore inférieurs à ceux proposés par M. Baroche (2).

Arrivons aux résultats. Pour la métallurgie qui, grâce à l'intervention de M. Schneider, avait obtenu les taxes douanières suffisantes pour la défendre, ils sont aussi satisfaisants que possible. — En 1859, les importations de fers, fontes et aciers venant de l'étranger étaient de 7,600,000

(1) En cette circonstance, l'empereur ne poursuivait pas seulement la réalisation de ses rêves libre-échangistes, il pensait aussi s'assurer l'alliance anglaise en vue de laquelle il avait déjà fait la guerre de Crimée (1854). On verra plus loin, au chapitre relatif à notre isolement politique, ce qu'il en a été de cet autre rêve.

(2) Dans les nouveaux tarifs, les droits les moins élevés afférents aux fils de coton sont de 15 p. 0|0 au tarif minimum, 19. 50 p. 0|0 au tarif général.

francs; en 1869, elles sont de 7,300,000. Loin d'augmenter, elles ont donc diminué.

Et l'on ne peut pas dire que notre métallurgie a souffert au point de vue de l'exportation, car — ceci est très remarquable — en même temps que cette industrie voyait l'importation des produits étrangers arrêtée, elle exportait plus que les industries laissées à elles-mêmes; cette constatation répond à ceux qui prétendent que, quand une industrie est protégée, elle ne peut plus exporter. Tableaux en main, nous voyons qu'alors qu'en 1860 elle exportait pour 2,600,000 francs, elle exporte aujourd'hui pour 30 millions, fers, fontes et aciers. De tels chiffres dispensent de tout commentaire.

Mais, en regard de cette situation de la métallurgie, combien est différente celle de notre industrie cotonnière!

La France, qui venait au second rang en Europe, après l'Angleterre, pour la filature de coton, est aujourd'hui distancée par l'Allemagne, et elle ne vient plus qu'en troisième rang. — Nous aurons d'ailleurs le regret de constater plus loin, au chapitre de la balance de commerce, que, pour l'exportation prise dans son ensemble, nous sommes malheureusement descendus du second rang

au quatrième. — Pour la filature, la constatation
de cette déchéance avait d'abord été basée sur la
diminution du nombre des broches mises en mouvement dans nos usines ; mais les libre-échangistes ayant allégué que, les broches de nouveau
modèle produisant beaucoup plus que les anciennes, on ne pouvait déduire du fait invoqué la
conséquence que notre production elle-même avait
diminué, on a pris alors pour base la comparaison
des quantités de coton brut introduites précédemment, avec celles que nos filateurs importent aujourd'hui. De ces chiffres indiscutables puisqu'ils
correspondent exactement aux droits perçus, est
ressortie la confirmation de notre déclassement.
Ainsi l'on voit qu'en 1889 la France n'a consommé que 700,000 balles de coton, alors que
l'Allemagne en a consommé 850,000.

En même temps qu'elle se développe dans
d'autres pays d'Europe, la filature de coton prend
une extension considérable aux États-Unis et
même aux Indes anglaises. — En 1876 et 1877,
les Indes anglaises consommaient 41,197,000 kil.
de coton ; en 1884, 82,750,000 kilog.; en 1889 et
1890, 133,357,000 kilogr. Quant aux États-Unis,
un point de comparaison suffira. Le bon marché
progressif des tissus de coton a forcé les fabricants

à filer des numéros de plus en plus gros et à employer plus de marchandises pour la même main-d'œuvre. Or, pendant que la France augmente cette quantité de matières premières de 16 p. 0|0 seulement, les État-Unis, de 1870 à 1889, ont augmenté leur consommation de coton en laine de 140 p. 0|0. Dans ces conditions, les marchés de l'extrême Orient, qui étaient autrefois exclusivement anglais, semblant devoir être conquis successivement par les États-Unis, il y a nécessité d'établir à nos frontières des droits suffisamment compensateurs pour empêcher que toute la production des tissus de coton de l'Angleterre, en refluant sur notre marché, ne vienne rendre tout à fait impossible la situation déjà si précaire de nos manufacturiers.

D'une façon générale, sous le régime des traités de commerce, pendant que les autres nations progressaient, de 1874 à 1889, notre commerce extérieur perdait : 14 p. 0|0 avec l'Angleterre ; 28 avec l'Allemagne ; 39 avec la Suisse ; 26 avec l'Autriche ; 83 avec la Russie ; 33 avec la Turquie. Et, détail sur lequel il y aura à revenir, il ne perdait que 9 p. 0|0 du côté des États-Unis avec qui nous n'avions pas de traité.

Cela tient surtout à ce que, par suite de la

clause de la nation la plus favorisée, qui veut que, si on fait une concession à une nation, on est obligé de la faire à tous les autres contractants ; au moment où l'on s'y attend le moins, telle concession faite à un adversaire en faveur de ses produits dont l'introduction ne paraissait pas dangereuse pour la production nationale, va profiter à des nations dont les produits écrasent cette production. Et c'est bien pour cela que les grandes puissances y avaient renoncé. Depuis dix ans, nous n'avons pu en faire avec aucune d'elles, pas même l'Angleterre. Ce dernier détail devra surprendre tous ceux qui, en raison même de ce que dans la présente discussion il est question, tout le temps, du traité de 1860, doivent penser que nous étions liés avec l'Angleterre. Mais il faut se souvenir que la convention de 1860 devait rester en vigueur pendant dix années, pour continuer ensuite de recevoir son effet d'année en année, jusqu'à ce que l'une des parties l'eût dénoncée dans la forme voulue. En 1882, lors d'un remaniement de nos tarifs, il ne put y avoir accord entre les deux gouvernements pour un nouveau traité à long terme. Et alors, de notre côté, la situation a été réglée par une loi tenant tout entière dans ces trois lignes :

« A partir de la promulgation de la présente loi, les marchandises d'origine ou de manufactures anglaises seront soumises, à leur entrée en France, au même traitement que celles des nations les plus favorisées. »

Mais une loi n'est pas un traité. Ce qu'une disposition législative a fait, une autre loi peut le défaire du jour au lendemain. Aux commerçants qui aujourd'hui prétendent que les conventions sans durée déterminée créent une situation impossible aux affaires, on peut donc répondre que, sans s'en douter, ils ont vécu pendant dix ans sous cet impossible régime.

A l'égard de l'Allemagne, ce qui a aggravé pour nous les inconvénients du jeu de la clause de la nation la plus favorisée, c'est l'article 11 du traité politique de Francfort, qui fait profiter ce pays, si dangereux pour nous sous tous les rapports, des avantages que nous accordons à n'importe qui.

Maintenant que l'empire d'Allemagne, par un changement complet de système, conclut des traités commerciaux avec d'autres puissances, nous profiterons à notre tour, en vertu du même article 11, des avantages qu'elle leur concédera. Félicitons-nous de ce retour imprévu, et arrangeons-nous de façon à en tirer tous les avantages qu'il peut nous offrir, en évitant les inconvénients.

Si la réforme économique résultant des traités de 1860 n'a tenu aucune de ses promesses, ni sur le terrain des affaires, ni sur celui de la politique, puisqu'elle ne nous a même pas valu l'alliance de l'Angleterre à qui nous avions tant sacrifié nos intérêts, par contre, elle a mis à mort un certain nombre de branches de notre production. Malgré la résistance acharnée, énergique de M. Thiers, notre marine marchande fut tuée par l'abolition des surtaxes de pavillon, mesure dans laquelle les grands ports ont leur part de responsabilité. Encore aujourd'hui, malgré le vote des primes à la navigation, nous ne sommes pas bien loin de cette situation que M. Ancel, rapporteur d'une enquête spéciale faite par le Sénat sur la détresse de la marine marchande, en 1877, caractérisait par ce chiffre : dans le transport des produits français, le pavillon français entre seulement pour la faible part, la fraction humiliante de 18 p. 100 !

Désormais la durée trop longue des traités de commerce est incompatible, comme le dit M. Deschanel, avec les conditions essentiellement mobiles de la production industrielle moderne ; avec les découvertes incessantes de la science ;

avec les moyens de tansport toujours plus directs et moins coûteux, qui mettent à nos portes des pays neufs et des terres vierges ; avec les révolutions sociales et politiques qui élèvent au rang de producteurs et même d'exportateurs des peuples qui, jusque-là, n'avaient été que purement consommateurs ; avec l'invasion de fléaux imprévus tels que le phylloxera. Elle est, d'autre part, également incompatible avec les principes essentiels du gouvernement parlementaire, de la souveraineté nationale, puisqu'elle enchaîne l'indépendance du suffrage universel, la liberté des générations et des assemblées futures.

Il est, du reste, un fait brutal contre lequel viendront se briser tous les efforts que nous tenterions pour faire de nouveaux traités qui soient de véritables conventions commerciales, et non des traités politiques se déguisant sous un autre nom. Tout le monde aujourd'hui veut faire de l'industrie, tout le monde veut filer le coton ou le lin, tout le monde veut être producteur de sucre, et il y a tant de primes d'exportation organisées dans les différents pays producteurs, qu'en vérité, à l'heure présente, on peut dire, au point de vue du producteur, bien entendu, qu'il y a trop de sucre à vendre dans le monde. Donc, aucune nation, quelle qu'elle soit, ne consentira désormais à reconnaitre à nulle autre un monopole industriel quelconque.

M. Méline, s'emparant des chiffres fournis par la balance de commerce, fait cette grave constatation. En 1859, quand la France avait payé à l'étranger tout ce qu'elle lui avait acheté, il lui restait sur l'étranger une créance de 626 millions. — On fait les traités de 1860. Dix ans après, sur son règlement de compte, elle est débitrice de 78 millions. C'est un changement radical. En 1888, elle se trouve débitrice, non plus de 78 millions, mais de 861 millions. Et quand les libre-échangistes, croyant embarrasser leurs adversaires, répondent : « Si vous avez perdu tant d'argent dans vos échanges, où donc avez-vous pris cet argent ? » ils oublient ou veulent oublier que la France ne travaille pas seulement pour l'étranger, qu'elle travaille aussi pour elle-même, qu'elle produit pour ses nombreux habitants, qu'elle leur vend ses produits, et que sur cette vente elle réalise des bénéfices. Elle a sous la main 38 millions de consommateurs, les premiers du monde, parce que ce sont eux qui payent le mieux, et qu'elle les retrouve toujours quand elle a perdu les autres. Cela s'appelle le marché intérieur.

De combien est ce marché, dont toutes les

parties sont reliées par les voies de communication les plus faciles? Si avec la richesse créée on envisage les transactions qui se font sur elle, les échanges qui s'opèrent, on peut très bien dire que le marché intérieur représente une valeur de 34 milliards. Eh bien! pour ce qui touche seulement l'agriculture, après le paiement des frais généraux et même de tous les salaires, il reste aux cultivateurs français un chiffre de bénéfice qui ne représente pas moins de 1 milliard 155 millions. Grâce à l'esprit d'ordre et d'économie qui caractérise la classe des paysans français, une grande partie de cette somme et une portion notable des salaires passent à l'état d'épargne, et constituent pour la France ces précieuses ressources qui sont un des gages les plus sûrs de son crédit et de sa puissance financière. — « Voilà, Messieurs, le bas de laine où la France puise incessamment, le bas de laine où elle prend de quoi réparer ses désastres, de quoi reconstituer son épargne si souvent compromise ; de quoi payer à l'étranger ces différences signalées tout à l'heure. »

Ajoutons que la multiplication des valeurs mobilières dans l'existence desquelles il entre tant d'aléa, ne doit pas nous faire perdre de vue la dépréciation énorme subie par la propriété foncière.

Partout la propriété foncière baisse de prix ; mais en France nous assistons, en ce qui la concerne, à une véritable liquidation. Les ventes de terre, qui portaient sur un total de 1,876,837 hectares, se sont élevées, en 1887, à 2,176,000 hectares.

LA BALANCE DE COMMERCE. IMPORTATIONS ET EX-
PORTATIONS. DIFFÉRENCE ESSENTIELLE ENTRE
NOTRE SITUATION ET CELLE DE L'ANGLETERRE.
NÉCESSITÉ DE PROTÉGER NOTRE MARCHÉ INTÉ-
RIEUR.

Déjà nous avons vu, au chapitre précédent,
que, pour établir la situation différente faite à la
métallurgie et à la filature par les traités de 1860,
on avait invoqué les données de la balance de commerce, relevé comparatif de nos importations et de
nos exportations. Ces données étant tout à l'a-
vantage de la thèse soutenue par les protectionnistes, les libre-échangistes se sont naturellement
attachés à contester l'exactitude et la portée des
chiffres produits, en un mot à faire le procès de la
balance de commerce. De sérieuses confusions,
faites pour dérouter complètement le public, ayant
été commises, à notre sens, au cours de ce débat,
nous nous efforcerons de porter la lumière sur les
points obscurcis.

Notre intention ici est de résumer d'abord l'argumentation des libre-échangistes, puis celle du

ministre du commerce, et, en dernier lieu, les répliques des protectionnistes.

Parmi les premiers, M. Jules Simon pose en principe qu'on n'est pas fondé à considérer la différence entre l'importation et l'exportation des marchandises comme donnant la mesure de la richesse d'un peuple, et il le prouve par cet exemple. « Nous sommes les premiers pour l'industrie de la laine ; mais nous ne sommes pas producteurs de laine (1). Plus nous en importons, et plus cela prouve que notre tissage de laine prend du développement, de sorte que l'augmentation de l'acquisition de cette matière première ou de son importation en France est une démonstration de richesse et non de pauvreté. »

Développant le même argument, M. Poirrier reconnaît que le chiffre de l'importation des produits étrangers en France est élevé, puisqu'il monte à 4 milliards 300 millions environ. Mais, sur cette importation, il trouve, pour une somme très importante, des produits qui n'ont pas de simi-

______

(1) Cette assertion, sous la forme absolue que lui donne M. J. Simon, est inexacte. Nous sommes producteurs de laine, nous avons de nombreux troupeaux de moutons, mais nos filatures et tissages de laine consomment plus de matières premières que n'en produisent nos troupeaux.

laires en France, café, thé, poivre, etc. ; d'autres
qu'on n'y obtient qu'en quantité insuffisante, des
matières premières qui nous sont indispensables, et
même des produits manufacturés qui, comme les
couleurs, sont de véritables matières premières
nécessaires à quelques-unes de nos fabrications,
soit au total une importation indispensable de
3,600 millions.

Pour répondre à l'axiome protectionniste qu'un
pays devient débiteur et subit une perte quand
il importe plus qu'il n'exporte, M. Aynard cite
l'exemple de l'Angleterre qui, à ce compte, devrait
être ruinée. « D'après la balance de commerce,
dit-il, combien l'Angleterre aurait-elle donc dû
perdre depuis quarante ans ? Elle aurait perdu
62 milliards. Nous en aurions, nous, perdu 12.
C'est de toute impossibilité. Les chiffres de la balance de commerce sont des éléments d'un compte
dont une partie est visible et dont l'autre est invisible. » Puis, évaluant à 11 ou 12 milliards notre
production industrielle et à 600 millions l'importation en France des produits fabriqués, il en
déduit que cette importation ne représente que
5 p. 100 de notre production industrielle. Enfin
il ajoute, et c'est ici que nous rencontrons une de
ces grosses erreurs dont nous parlions plus haut

et qu'il importe de ne pas laisser passer sans les signaler immédiatemement : « Et il y a lieu de constater que *ce sont les pays qui n'ont pas de traité avec la France qui importent le plus chez nous.* Ainsi, pour les périodes comparées de 1855 à 1859 et de 1886 à 1889, l'importation des pays qui ont des traités avec la France augmente de 126 p. 100, tandis que l'importation des pays qui n'ont pas de traités, Russie, Etats-Unis et autres, s'est accrue, dans l'ensemble, de 165 p. 100. — Quant à l'exportation, c'est le phénomène contraire; pour les pays avec lesquels la France a des traités, l'accroissement moyen est de 106 p. 100 ; et pour les pays avec lesquels nous n'avons pas de traités, l'augmentation n'a été que 30 p. 100. »

— Il faut prendre absolument le contre-pied de ces assertions de M. Aynard pour être dans le vrai. Ainsi qu'on le verra établi plus loin par M. Viger, nos échanges sans traités sont beaucoup plus importants que ceux que nous faisons sous le régime des traités avec tarifs, et c'est dans les pays avec lesquels nous n'avons que de simples conventions commerciales que nous exportons le plus. L'erreur commise sur ce point capital par M. Aynard doit tenir à ce que, lui aussi, sans doute, il nous considère comme liés à l'Angleterre par un traité, alors que nos relations commerciales avec cette puissance sont réglées, comme nous l'avons expliqué à propos des traités de 1860, par une loi abrogeable du jour au lendemain (1).

Quant à l'importance de nos exportations par rapport à celle de notre marché intérieur, les calculs suivants du même orateur la présentent comme étant plus considérable que ne l'admettent les adversaires des traités de commerce.

« Notre production industrielle est d'environ 12 milliards, et notre exportation d'environ 2 milliards. C'est donc environ 17 à 18 p. 100 de notre production industrielle qui va à l'étranger.

... La production agricole est fixée, par la statistique officielle de 1882, à 13 milliards environ, qui, ajoutés aux 12 milliards de la production industrielle, font un total de 25 milliards. La comparaison doit donc porter entre les 25 milliards du commerce intérieur et les 8 milliards du commerce extérieur, qui reprend ainsi toute son importance, soit 30 à 32 p. 100. Une véritable crise éclaterait dans le marché intérieur si l'on compromettait ce marché extérieur, si on ne lui réservait

(1) Loi du 27 février 1882.

pas les 30 p. 100 qu'il représente dans le commerce total.

... Enfin on ne parle pas de ''exportation occulte, qui cependant est considérable pour certains produits. L'exportation du marché de Paris se fait, en notable partie, d'une manière occulte, dans les bagages des voyageurs. On ne saurait donc la négliger. Pour les seuls Etats-Unis, on évalue à 500 millions de francs les sommes employées à ces sortes d'achats en France pendant l'année 1889. Pour l'industrie des soieries de Lyon, alors que les chiffres officiels indiquent seulement 260 millions d'exportations, on compte au moins pour 50 millions de plus d'exportations occultes (1). »

Contestant que la filature française soit dans un état précaire, M. Raynal prétend que l'usine de Saint-Etienne de Ro..vray a réalisé dans le dernier exercice un bénéfice de 597,000 fr., pour un capital de 4 millions : soit 14 p. 100 de bénéfices nets, et que l'établissement la Foudre, de feu M. Pouyer-Quertier, aurait réalisé pour l'année

(1) Sans entrer dans la discussion des chiffres ainsi posés, on peut dire que la reconnaissance de l'exportation occulte implique également celle de l'importation non moins occulte. Grâce à cette contre-partie, on voit à quoi l'argument se réduit en fin de compte.

1890 un bénéfice de 12 p. 100. — Tant s'en faut malheureusement qu'il en soit ainsi, comme on le verra par les rectifications de M. Ricard, et de M. Dislère, commissaire du gouvernement.

* *
*

La question de savoir si, oui ou non, notre commerce d'exportation décline, étant d'importance capitale, il appartenait au gouvernement d'établir nettement la vérité sur ce point. C'est ce que M. Jules Roche a fait d'une façon définitive.

Sans s'attarder à de longues énumérations de chiffres, il a résumé, en quelques traits bien simples, la marche de notre commerce extérieur depuis un certain nombre d'années.

De 1849 à 1866, nos exportations croissent d'une façon très rapide ; c'est une ligne montante presque régulière, avec une augmentation moyenne de 200 à 230 millions par an. De 1866 à 1872, avec une baisse dans les intervalles, on trouve cependant encore une ligne montante, et un point culminant en 1872. De 1872 à 1875, la ligne est en quelque sorte horizontale, s'élevant légèrement jusqu'en 1875, où l'on constate le point le plus élevé que nos exportations aient jamais atteint. Depuis 1875 jusqu'aujourd'hui, après une baisse et un relèvement qui s'est produit de 1887 à la fin de 1889, à ne prendre que la direction générale, on peut dire que nos exportations depuis quinze ans sont en palier.

En regard de cette situation, nous sommes forcés de constater que, tandis que notre mouvement national subit ce temps d'arrêt, d'autres pays autour de nous progressent d'une façon beaucoup plus rapide.

Sur les dix principaux pays du monde considérés au point de vue de leur commerce d'exportation, en 1850, l'Angleterre tient le premier rang avec 4 milliards 413 millions, la France tient le second avec 1 milliard 68 millions. Viennent ensuite les Etats-Unis avec 715 millions, puis l'Allemagne avec 648 millions.

Dix ans plus tard, en 1860, la France est toujours au second rang, avec 1 milliard 748 millions. Les Etats-Unis viennent au quatrième.

En 1869 : l'Angleterre, 4 milliards 791 millions ; la France, 3 milliards 75 millions ; l'Allemagne, 2 milliards 897 millions, et les autres pays suivent la progression.

En 1880, les choses ont bien changé. L'Angleterre tient toujours le premier rang, avec 5 milliards 624 millions ; mais au second rang, ce sont les Etats-Unis, avec 4 milliards 367 millions, et au troisième rang, l'empire allemand avec 3 milliards 619 millions ; la France n'est plus qu'au quatrième rang avec 3 milliards 468 millions.

Aujourd'hui, en 1889, l'Angleterre a conservé le premier rang avec 6 milliards 279 millions ; l'Allemagne, du troisième rang qu'elle occupait en 1850, a conquis le second, avec 3 milliards 958 millions ; les Etats-Unis sont au troisième avec 3 milliards 869 millions ; la France enfin se maintient au quatrième rang avec 3 milliards 704 millions.

Pourquoi avons-nous perdu notre rang, bien que nous augmentions notre chiffre d'exportation ? Le ministre trouve que, sans méconnaître le rôle que le régime douanier d'un pays est appelé à jouer dans les variations de sa production et de sa richesse, on est fondé à affirmer que les causes principales du phénomène sont ailleurs, et ne dépendent pas de la volonté des législateurs. De ces causes, il en est trois principales qui, selon lui, sautent aux yeux de tous.

« Tout d'abord, sur l'ensemble de la planète, les anciens monopoles industriels nationaux s'affaiblissent et tendent à disparaître, parce que l'industrie s'universalise. — En second lieu, il faut considérer les changements généraux du monde physique, du globe lui-même. — Et enfin, il y a certaines causes morales, non moins importantes peut-être que les causes matérielles.

« En ce qui concerne les monopoles : autrefois l'Angleterre possédait le marché du coton ; la France possédait le marché de la soie. On peut s'en tenir à ces deux exemples ; ce sont les deux plus importants.

« Les choses ont bien changé. Il y a vingt ans, l'Angleterre transformait à elle seule plus de coton brut en coton manufacturé que tout le reste de l'Europe : 543 millions de kilog. contre 362 millions ; aujourd'hui l'Angleterre est dépassée : elle transforme 687 millions, mais l'Europe en transforme 742 millions. — Et, en dehors de l'Europe, nous constatons les mêmes phénomènes. Dans l'Inde, en 1870, l'industrie cotonnière n'existe pour ainsi dire pas ; en 1890, la quantité de coton transformé s'y est élevée à 177 millions de kilogrammes.

« Pour ce qui est de la soie en France, alors que nous en produisions pour 653 millions et que le reste du monde n'en produisait qu'un peu plus,

704 millions, aujourd'hui la distance s'est singulièrement accrue. La France fabrique 660 millions et le reste du monde produit 1,446 millions.

« C'est aux Etats-Unis qu'on constate le mouvement ascensionnel le plus prodigieux dans tous les genres de production, si prodigieux même qu'il semble nous faire assister à une nouvelle découverte de l'Amérique. En quarante ans, ce pays passe d'une population de 23 millions d'habitants à 63 millions ; sa production industrielle s'élève de 5 milliards de francs à 28 milliards ; où il extrayait 70 millions de tonnes de charbon, il en extrait 142 millions ; il porte sa production de coton brut de 657 millions de kilog. à 1 milliard 456 millions. Quant à son exportation de produits manufacturés, elle monte de 237 millions de francs à 721 millions.

« Il en est de même pour nous dans l'extrême Orient. Ainsi le Japon fabrique actuellement tous les tissus qu'il demandait autrefois à l'étranger. Ajoutons que les salaires y varient de 50 centimes à 1 franc. Cette énorme différence de salaires constitue encore une des causes du progrès que réalisent certaines industries rivales des nôtres. »

Les transformations matérielles du globe lui-même sont mises par l'orateur du gouvernement au nombre des causes les plus puissantes des modifications économiques. Où l'Europe n'avait que 3,000 kilomètres de chemins de fer, on en compte maintenant plus de 225,000 ; voici que les deux hémisphères sont sillonnés par plus de 600,000 kilomètres de voies ferrées, ce qui représente plus de quinze fois le tour de la terre. Un pareil outillage, de pareils moyens de communications changent toutes les relations, toutes les conditions de l'industrie et du commerce.

Sur les mers, les modifications ne sont pas moindres. Où il fallait huit mois pour un échange de France aux Indes, il ne faut plus que trois semaines. Les produits de l'intérieur de ces pays indiens étaient transportés à dos d'hommes jusqu'au port d'embarquement ; aujourd'hui ils le sont par chemin de fer. Du port, aujourd'hui ils ne mettent que dix-sept jours pour nous parvenir à Marseille, vingt-six jours s'ils viennent de Saïgon. Où le commerçant de France avait à débourser 500 fr. par tonne, il n'a plus aujourd'hui à en dépenser que 50 pour le même transport.

« Enfin, dit le ministre, il ne faut pas oublier que les pays neufs qui créent des industries nouvelles, n'ayant pas à transformer des usines anciennes, un matériel ancien, sorte de poids mort que nous traînons après nous, entrent en lice avec les machines les plus perfectionnées et les plus puissantes ! Cette cause explique leurs progrès plus rapides. »

Tout cela est très exact ; mais comme cela est aussi vrai pour l'Angleterre, par exemple, que pour nous, nous avouerons que ces renseignements, si intéressants qu'ils soient, ne nous expliquent pas suffisamment pourquoi la France a été plus atteinte que l'Angleterre et l'Allemagne dans le développement de son commerce d'exportation, et pourquoi surtout les importations étrangères ont pris chez nous un essor si considérable. — Les causes morales indiquées par M. Jules Roche nous font un peu le même effet. Elles consistent, d'après le ministre, dans les qualités de méthode, d'observation, d'économie, de persévérance, d'instruction spéciale, que nos concurrents apportent dans le commerce. Soit ; mais ces qualités, ils les ont toujours eues comme nous gardons les nôtres. De toute façon nous sommes donc amenés à chercher du côté de notre régime économique et douanier la vraie solution de ce grave problème.

Voici, sur ce terrain, des chiffres bien significatifs produits devant la Chambre par M. Méline :

2.

En 1857, nous n'achetions à l'étranger que pour 6,800,000 fr. de machines ; aujourd'hui nous en achetons pour 42,200,000 francs.

« Pour les tissus de soie pure, ce produit essentiellement français, que s'est-il donc passé, grâce à l'absence de droits? Car c'est là la véritable cause, il n'y en a pas d'autre qui puisse rendre compte de l'augmentation des importations. Toujours est-il qu'en 1859, nous n'achetions à l'étranger que pour 6,700,000 francs de ces tissus, et qu'en 1889 nous en avons acheté pour 58 millions.

« Les fils de coton : nous en recevions pour 1,300,000 francs en 1859; nous en recevons aujourd'hui 29 millions. Etablissez un régime économique qui vous permette d'augmenter le nombre de vos broches, et alors, au lieu de payer à l'étranger 29 millions, vous les payerez à vos ouvriers (1).

(1) Nous avons vu plus haut M. Raynal, dans son désir de voir l'épargne française se porter vers l'industrie, avancer que les filatures de coton, en France, notamment celles de Saint-Etienne du Rouvray et de la Foudre, réalisaient des bénéfices de 12 et 14 p. 100. MM. Dislère et Ricard ont établi, bilans en main, que ces établissements, au contraire, subissaient des pertes, et que le capital du premier avait été renouvelé trois fois. Pour la Foudre et les autres filatures de M. Pouyer-Quertier, M. Ricard a fait connaître qu'en 1886, elles ont perdu 7,55 p. 100 de leur capital, et

« Pour les ouvrages en papier et en carton, livres et gravures, nous payions à l'étranger, en 1859, 3,700,000 fr. ; aujourd'hui nous lui payons 36,300,000 fr. — Pour les outils et ouvrages en métaux, l'importation est passée de 1,800,000 fr. à 22 millions ! »

A l'égard de ce dernier article, M. Turrel a fait valoir que notre métallurgie ne pourrait soutenir la concurrence si elle n'était protégée, rien que par la différence qui existe entre le prix de revient de nos charbons et celui des charbons dans les divers pays. En Angleterre, ce prix est de 6 fr. 35 la tonne; en Allemagne, de 5 fr. 83 ; en Belgique,

qu'en 1837, la perte a été de 3,82 p. 100, et enfin que dans l'espace de 8 ans, de 1883 à 1890, pour un capital de 3 millions, le bénéfice a été exactement de 2,24 p. 100. Un pareil bénéfice n'est pas fait pour engager la petite épargne à se porter de ce côté.

Il en est autrement en Angleterre. « Là, dit M. Balsan, pour cette industrie populaire par excellence de la filature, on se contente de 3 ou 4 p. 100 de bénéfice. Les usines étant constituées par actions, il y a des actions depuis 25 fr., et tous les ouvriers en prennent. Que voulez-vous qu'ils achètent ? de la rente anglaise qui donne 2 1|4 ou 2 1|2 ? Ils trouvent un revenu double dans les actions de filatures. Les terres en Angleterre n'étant pas à vendre, comme en France, l'ouvrier, qui ne peut devenir propriétaire, prend ce qu'il trouve de plus avantageux. »

de 8 fr.; en Autriche, de 5 fr.; en Russie de 8 fr.; dans l'ensemble des diverses autres contrées, de 8 fr.; et en France il est de 10 fr. 31. Que peuvent contre ces chiffres toutes les théories libre-échangistes? Et pourtant notre métallurgie a accompli de grands progrès dans sa fabrication ; certaines nations sont obligées de nous acheter les obus en acier chromé, parce qu'elles ne sont pas capables d'en produire de semblables. Elle a, une des premières, appliqué la métho le de fabrication de l'acier Bessemer, l'acier Martins et le procédé de déphosphoration de Thomas Giechrist qui nous a permis d'offrir de l'acier doux à des prix inférieurs à celui du fer. Tout cela ne peut empêcher que l'Angleterre ait la houille la meilleure et au meilleur marché, le minerai le plus riche du monde et des capitaux en abondance. Aussi, de 1883 à 1886, la production de la fonte anglaise monte-t-elle de 7 à 8 millions de tonnes, alors que notre production, après avoir diminué, a peine à reconquérir le terrain perdu.

Du côté de notre marine, les constatations sont en rapport avec toutes celles qui précèdent. Dans son dernier rapport, en 1890, sur le projet de loi portant prorogation de la loi sur la marine marchande, pour en faire coïncider le terme avec l'expiration des traités de commerce, M. Félix Faure dit que notre tonnage, qui était de 1,033,829 tonneaux en 1881, est tombé en 1885 à 1,000,215, et en 1888 à 911,073 tonneaux. Il ajoute que, de 1885 à 1888, la marine à vapeur, qui a gagné en Angleterre 329,000 tonneaux, en Allemagne 57,200, en Italie 26,600, n'en a gagné en France que 17,400, malgré le sacrifice de 11 millions que la loi des primes à la navigation impose au Trésor.

En réponse à l'assertion que notre commerce le plus considérable est celui que nous faisons grâce aux traités, assertion au sujet de laquelle nous avons fait nos réserves, M. Viger démontre que nos échanges sans traités, sans conventions, sont beaucoup plus importants que ceux que nous faisons sous le régime des traités avec tarifs. Ainsi, nous avons avec l'Angleterre une simple convention commerciale ; de même avec l'Allemagne, celle de l'article 11 ; or, l'exportation française en produits fabriqués dans ces deux pays est de 700 millions de francs. En Amérique, malgré des tarifs extrêmement élevés, nous exportons dans les républiques sud-américaines et aux États-Unis plus de 475 millions de produits fabriqués, tandis que, dans les pays avec lesquels nous sommes liés par des traités, notre exportation n'est que de 450 millions. — Depuis que l'Italie a dénoncé son traité avec nous, alors que les importations de ce pays en France sont descendues de 309 à 133 millions, les nôtres en Italie n'ont diminué que d'une somme relativement modérée, puisqu'elles sont encore de 143 millions avec tendance à augmenter.

Au Sénat, la démonstration la plus topique que la protection de notre marché intérieur constituait la meilleure des mesures à prendre, a été tirée par M. Dauphin de ce qui se passe aux Etats-Unis. — Pour lui, indépendamment de toutes les autres raisons, l'importance du marché intérieur, la prédominance qui lui appartient, viennent de ce qu'il représente le vrai patrimoine du pays. C'est notre bien ; blé, lin, laine, soies, vins, raisins, c'est de l'argent qui pousse ; ce sont des valeurs qui naissent, et, dans l'industrie elle-même, c'est notre argent encore que nous gardons, quand nous vendons chez nous nos produits.

Les Etats-Unis d'Amérique l'ont bien compris. Quand ils sont sortis, en 1865, de la guerre de sécession, ils avaient perdu plus de 45 milliards en argent, en propriétés détruites, en productions suspendues ; un demi-million d'hommes avaient été tués ; la dette publique s'élevait à 15 milliards.

Ils ont presque complètement fermé leurs portes aux marchandises étrangères; et l'on sait avec quelle rapidité merveilleuse tous ces vides ont été comblés.

Ils ont eu par la protection un résultat plus grand encore, ils ont créé une industrie puissante ; ils sont arrivés à se suffire à eux-mêmes, et, de plus, se répandant dans le monde entier, ils ont obtenu une exportation de plus de 4 milliards.

« M. Blaine, leur secrétaire d'Etat, a écrit, pour la défense du système protecteur, un admirable et irréfutable plaidoyer. Il y révèle les variations successives qu'a subies la fortune de son pays suivant les alternances de son régime économique. Trois fois, dit-il, le libre-échange l'a emporté et a été suivi de la stagnation des affaires et de crises financières ; trois fois la protection a reparu et a ramené l'activité et la prospérité publique. Ce sont là des faits qui, comme arguments, valent mieux qu'une brillante et spécieuse théorie. »

Le résumé que nous faisons ici ne pouvant être utile que s'il se renferme dans d'étroites limites, maintenant que l'Allemagne, prenant le contre-pied des idées de M. de Bismarck, revient au système des traités de commerce, il nous parait superflu de rappeler que la plupart des pays d'Europe nous ont précédés dans la voie du relèvement des tarifs douaniers (1); mais ce qui conserve tout son intérêt, c'est la démonstration qu'on ne peut arguer de l'exemple de l'Angleterre pour contredire les raisonnements des protectionnistes, et qu'il n'y a aucune analogie entre la situation économique de la Grande-Bretagne et celle de la France.

Pour ridiculiser la balance de commerce, on dit : La preuve que la France n'a pas souffert de l'excédent de ses importations sur ses exportations, c'est qu'il y a de grands pays qui importent plus qu'ils n'exportent et qui sont des plus prospères ; exemple : l'Angleterre. Si nous nous appauvrissons, il faut admettre que l'Angleterre se ruine ; or le contraire est trop évident.

Non, l'Angleterre ne se ruine pas en important plus qu'elle n'exporte ; mais justement parce que chez nos voisins, comme l'a expliqué M. Méline, le mouvement des importations suit régulièrement

(1) Devant l'attitude hostile prise par l'Espagne, il y a lieu cependant de noter que, dès le 1ᵉʳ janvier 1891, les tarifs de ce pays avaient été majorés dans des conditions près desquelles le relèvement des nôtres n'est plus rien. Qu'on en juge par les chiffres suivants. Pour les chevaux, alors que nos droits nouveaux sont de 30 fr., ceux du tarif espagnol sont portés à 180 fr. Pour les mulets : chez nous, 5 fr.; en Espagne, 80 fr. Le reste à l'avenant.

celui des exportations. Dans le chiffre de ses importations, il y a 1 milliard et demi de marchandises qui ne font que traverser le pays, qui laissent des bénéfices à ses industries de transport, qui sont donc un profit pour la nation et qui ne font pas concurrence aux produits anglais. Voilà une première déduction à faire dans le chiffre de ses importations. De plus, elle reçoit plus d'un milliard de produit de ses colonies. On ne peut dire que ce soient là des produits étrangers ; ce sont des capitaux anglais qui rentrent dans la métropole. De ce chef, il y a donc encore une déduction à opérer. Et ces déductions faites, à quel résultat arrive-t-on ? C'est que les produits étrangers similaires des produits anglais, qui entrent pour faire concurrence à la production anglaise, sont inférieurs comme quantité aux exportations anglaises, et inférieurs de beaucoup. Donc la balance de commerce est favorable à l'Angleterre, tandis qu'elle nous est défavorable.

D'autre part, M. Deschanel fait connaître que l'Angleterre voyant se resserrer les débouchés devant elle, il se produit chez elle un mouvement d'opinion, un mouvement protectionniste, qui, par un singulier retour des choses, s'est accusé surtout à Manchester, berceau du libre-échange, patrie de Cobden. « Assurément, il ne faut pas exagérer : il ne s'agit encore que d'une minorité. Pour abandonner le libre-échange il faudrait que les Anglais revinssent à l'agriculture , et comment le pourraient-ils ? Comment revenir au blé ? comment se passer des greniers indiens et américains, et nourrir soi-même cette population industrielle toujours croissante ? L'Angleterre, en sacrifiant son agriculture à son industrie, s'est liée au libre-échange ; elle est rivée, si l'on peut dire, aux conséquences de sa réforme. C'est là une politique singulièrement hardie, car elle repose sur sa suprématie et les victoires de sa flotte. Condamnée à rester une manufacture et un entrepôt, elle a besoin de fret pour sa marine ; elle a besoin de faire vivre ses industries de transports, et, par conséquent, de recevoir le plus de marchandises qu'elle peut. Elle aura donc le plus grand intérêt à s'assurer le bénéfice de notre tarif minimum.

Et si l'on cherche comment l'Angleterre est parvenue à se constituer cette puissance maritime qui lui fait une situation tout exceptionnelle, on arrive à cette constatation curieuse que c'est à la faveur du régime protectionniste. « Peut-on oublier, dit M. Jamais, que l'Angleterre a vécu, de

1660 à 1846, pendant près de deux siècles, sous l'empire de l'acte de navigation qui était tout ce qu'il y a de plus prononcé dans le sens protectionniste, qui faisait payer des droits de douane plus élevés à toutes les marchandises qui n'étaient pas importées sur des navires anglais, commandés par des capitaines anglais, et montés par des marins anglais ? — Elle a donc mis plus de deux cents ans pour arriver au régime sous lequel elle vit et se développe depuis 15 ans. Elle a été armée, pendant deux siècles, de tarifs non seulement protecteurs, mais souvent prohibitifs. On peut donc compter que le relèvement des tarifs douaniers ne sera pas pour la France une cause de stationnement dans la routine, mais qu'il sera un aiguillon nouveau pour la protection, pour l'initiative individuelle et privée. »

LA QUESTION AGRICOLE ET LA QUESTION VINICOLE. LE BLÉ, LE PAIN, LE BÉTAIL, LE VIN. LES CHARGES QUI PÈSENT SUR LA PRODUCTION FRANÇAISE. LA DÉPOPULATION DE NOS CAMPAGNES.

C'est au nom de l'agriculture que les protectionnistes ont formulé les revendications les plus énergiques, et c'est aussi sur ce terrain que le gouvernement, par l'organe du ministre du commerce, a pris parti de la façon la plus nette.

Parmi les champions de cette grande cause, on a beaucoup remarqué un nouveau venu, M. Couteaux, sénateur, dont la compétence s'est affirmée du premier coup avec un grand bonheur d'expression.

Voici la règle précise que pose M. Couteaux, pour en faire un critérium au moyen duquel on peut déterminer avec certitude quels sont, dans les produits étrangers, ceux que l'on doit frapper d'un droit de douane, et ceux que l'on peut laisser passer librement.

Pour lui, toute industrie qui, par l'utilité de ses

produits et par le nombre des citoyens qu'elle emploie, tient dans notre pays une place importante, doit être mise en état de vivre ; et si, par suite de circonstances qu'il ne dépend ni de la volonté ni de l'habileté des hommes de faire disparaître, ces industries se trouvent dans des conditions qui ne leur permettent pas de résister à la concurrence étrangère, il appartient aux pouvoirs publics de rétablir l'équilibre, en imposant aux produits étrangers, à leur entrée chez nous, des droits compensateurs égaux à la différence du prix de revient.

Or, le blé n'est pas seulement un produit nécessaire, indispensable. Sa culture, qui occupe en France LA MOITIÉ DE LA POPULATION, est une industrie d'une telle importance que sa ruine serait un malheur public.

De ce que, depuis de longues années, l'Angleterre, sans qu'il en soit résulté pour elle aucun dommage, se voit dans la nécessité de prendre à l'étranger pour sa propre consommation, des quantités de blé qui ne s'élèvent pas à moins de 50 millions d'hectolitres par an (54 pour 1891), cet exemple a été souvent proposé en France par les partisans du libre-échange ; mais la situation faite à la France par sa position géographique et par la politique européenne est bien différente de celle de l'Angleterre. Souveraine incontestée des mers, l'Angleterre, dans son île, n'a rien à craindre des invasions étrangères ; elle n'a donc point à se préoccuper du nombre plus ou moins grand des citoyens qu'elle pourrait, au besoin, appeler sous les armes. Aussi, lorsque ses grands éleveurs eurent fait de l'élevage de leurs animaux, si admirablement perfectionnés par sélection, une industrie plus avantageuse et lucrative que la production du blé, l'Angleterre n'hésita pas à transformer, partout où la chose se pouvait, ses terres à blés en pâturages. Son climat humide et brumeux, son sol frais et fertile, se prêtaient admirablement à cette transformation, surtout en Ecosse.

Or, il arriva ceci : à mesure que les troupeaux envahissaient la terre, la population rurale devenait plus rare : si bien que, suivant l'expression saisissante de Victor Considérant, un jour vint où, en Ecosse, le mouton chassa l'homme.

Ce qui s'est fait en Angleterre à la suite de ce déplacement ne serait point possible en France. Nos mines de charbon et nos villes ont déjà plus d'ouvriers qu'elles n'en peuvent occuper, et l'émigration en masse des travailleurs de nos campagnes ne ferait qu'aggraver et rendre intolérable la situation déjà passablement difficile des populations ouvrières de nos centres industriels.

Et puis, il y a autre chose qui domine tout cela : ce sont les nécessités de la défense nationale. Nous ne pouvons pas, nous, mettre des moutons à la place de nos laboureurs. Les moutons sont assurément des animaux fort utiles ; mais avant tout il nous faut des hommes, des hommes nombreux, des hommes vigoureux (1).

Si donc, par suite de circonstances qu'il ne dépend ni de la volonté, ni de l'habileté des hommes de faire disparaitre, la culture du blé se trouve dans des conditions qui ne lui permettent pas de résister à la concurrence étrangère, il appartient

(1) Ajoutons que l'Angleterre commence à s'émouvoir fortement de ce que ses paysans désertent les champs pour les usines et les villes. — Une conférence rurale provoquée par les chefs du parti conservateur s'est réunie tout récemment à Ely, dans le comté de Cambridge. Deux cents dix délégués, représentant les comtés de Norfolk, de Suffolk, de Cambridge, de Lincoln et de Huntingdon, s'y sont rassemblés.

M. Chaplin, président de l'Office de l'Agriculture, a prononcé un discours dans lequel il a insisté sur l'urgence qu'il y avait d'arrêter l'émigration des campagnards vers les villes, sous peine de voir l'agriculture ruinée. C'est M. Chaplin qui a été l'interprète auprès du cabinet des résolutions que la conférence a adoptées à l'unanimité.

aux pouvoirs publics de rétablir l'équilibre en imposant aux blés étrangers, à leur entrée chez nous, des droits compensateurs égaux à la différence du prix de revient.

Tout compte fait, sans la moindre exagération, et à ne considérer que le grain, il en coûte 15 fr. de moins pour produire 100 kilog. de blé américain que pour produire 100 kilog. de blé français. En revanche, la paille, qui se vend chez nous 3 fr. les 100 kilog., n'a aucune valeur dans les régions à blé de l'Amérique. Or, 100 kil. de grains supposent généralement 200 kil. de paille : c'est donc une somme de 6 fr. qu'il faut retrancher de la différence du prix de revient qui se trouve ainsi ramenée à 9 fr. Et si de ces 9 fr. on retranche encore une somme de 4 fr. qui représente à peu près le transport du lieu de production dans les ports français, on trouvera que la différence du prix de revient entre le blé français et le blé américain doit être définitivement fixée à 5 fr. par 100 kil. Donc, pour rétablir l'équilibre, les blés étrangers doivent être imposés à leur entrée chez nous d'un droit de 5 fr. par 100 kilog.

— Corroborant cette démonstration, M. Jules Ferry répond à ceux qui prétendent qu'on ne peut fixer un prix de revient pour le blé :

« Les cultivateurs n'ignorent pas qu'il est impossible de cultiver le blé au-dessous d'un certain prix de revient ; et quand les économistes déclarent, du haut de leur science, qu'il n'y a pas de prix de revient pour le blé, ils se regardent stupéfaits. Car, après tout, si le prix de revient varie d'une exploitation à l'autre de telle sorte qu'il est difficile d'avoir des prix de revient théoriques, l'agriculteur, qui fait son compte au bout de l'année, sait très bien si la culture du blé a été rémunératrice ou désastreuse, et si le froment tombait au-dessous du prix de 23 fr. le quintal ou de 18 fr. l'hectolitre, il lui paraîtrait plus sage de laisser la terre en friche que de la cultiver. »

Complètement désarmée contre la concurrence étrangère par la réforme de 1860, l'agriculture a d'autant plus souffert qu'une véritable révolution s'est accomplie depuis lors dans le monde économique.

Tous les grands pays de production sont entrés en lice. La Russie, où la main-d'œuvre est à très bas prix, a développé son agriculture dans des proportions inouïes. La Hongrie et l'Allemagne jettent aujourd'hui sur nos marchés des quantités considérables de bétail. L'Italie et l'Espagne, qui étaient restées tout à fait en retard pour la viticulture, importent maintenant chez nous 12 à 15 millions d'hectolitres de vin. On a vu de 1879 à 1882 des importations annuelles de blé de près d'un milliard. En 1884, on a mis un droit de 3 fr. d'abord, de 5 fr. ensuite en 1886, qui a réfréné cet avilissement des cours. Et la protection pour l'agriculture n'a pas été une prime à la routine, car le pays, grâce aux syndicats agricoles qui se sont constitués sur l'ensemble du territoire, est entré largement dans la voie du progrès sur les pas des savants. Comme M. Viger a pu l'établir, l'excédent de nos importations sur nos exportations, en bestiaux vivants, en viandes fraîches abattues, suit depuis vingt ans une proportion rapidement décroissante. Si nous sommes encore importateurs pour les moutons dont nous ne produisons pas une quantité suffisante, nous sommes exportateurs pour toutes les autres espèces animales, grâce à l'ensemble des mesures protectrices votées par le Parlement, et sans lesquelles aujourd'hui nous serions débordés. Il suffit de voir ce qui se passe pour les viandes abattues. Les progrès de l'industrie des transports par les procédés frigorifiques ont fait croître les importations des moutons abattus dans une proportion si considérable, qu'aujourd'hui elles sont un obstacle à toute espèce de développement de notre troupeau de moutons. Pour produire à notre tour des quantités considérables de moutons que nous élèverions, comme en Allemagne et en Hongrie, avec les résidus des distilleries agricoles, il suffirait d'une loi comme celle du 29 juillet 1884, due aux efforts de MM. Ribot et Méline, qui a permis de transformer complètement la culture de la betterave et d'en tirer 10 kilog. de sucre raffiné par 100 kilog., tandis qu'en 1883 elle n'en produisait que 5 kil. 83. Cette loi, qui a permis à l'agriculture et à l'industrie surtout de réaliser en deux ans ce que l'Allemagne avait mis quinze ans à accomplir, cette loi, quoi qu'on en dise, n'a pas grevé le consommateur, car le sucre a baissé.

Pour bien se rendre compte des conditions dans lesquelles la question se pose et s'impose, il ne faut pas non plus perdre de vue les charges exceptionnelles qui pèsent sur notre production par rapport à celle des autres pays.

Alors que, depuis 1860, nos concurrents les plus redoutables ont pu dégrever leurs impôts, les nôtres se sont accrus de 700 millions. En regard des Etats-Unis se libérant de toute dette, il y a en Europe ce fait considérable que la France a 31 millions d'arriéré, la Russie 17, l'Angleterre

18, l'Italie 11, l'Allemagne 8. La France à elle seule a donc près de deux fois plus de dettes que la Russie. Comme conséquence forcée de cette situation financière, le citoyen français est de tous les hommes celui qui paie le plus d'impôts. En France, on paie, par tête, 92 fr. ; en Angleterre, 58 ; en Prusse, 63,50 ; en Belgique, 52 ; dans les Pays-Bas, 62 ; aux Etats-Unis, 64.

A côté des charges financières, il faut aussi placer les charges personnelles si lourdes du service militaire qui obligent tous les travailleurs à quitter l'atelier au meilleur moment de leur éducation professionnelle. Il n'est pas une industrie qui ne constate les immenses inconvénients de cette obligation du service militaire, et l'état d'infériorité dans lequel elle nous met au point de vue du rendement de la main-d'œuvre vis-à-vis de nos concurrents étrangers, anglais, belges, suisses, américains.

Pour ces derniers notamment, quels avantages une telle différence de charges et de conditions ne leur donne-t-elle pas, dotés qu'ils sont déjà, par la nature, d'un sol riche qui produit presque sans travail et sans engrais !

Comme M. Méline a pu le demander avec tant de raison, peut-on comparer cette agriculture privilégiée à notre malheureuse agriculture, obligée de rajeunir incessamment, au prix de grands efforts et de sacrifices considérables, un sol épuisé par des siècles de culture, écrasée par de lourds impôts et par la dure obligation du service militaire? Peut-on exiger qu'elle lutte sans défense contre de tels adversaires? N'est-il pas juste d'exiger des produits agricoles étrangers la compensation de ces irrégularités dont on ne saurait rendre nos agriculteurs responsables?

A tant d'inégalités s'ajoute encore l'effet de l'abaissement progressif du fret. Les distances d'autrefois étaient des remparts bien autrement puissants que les droits de douane. Depuis lors, le fret a baissé de 60 et même de 80 p. %. Tous les marchés sont aux portes de la France, et bien souvent le droit de douane n'est même pas la représentation de la diminution du fret.

Et enfin il y a cette considération à tirer des fâcheux résultats accusés par le dernier recensement : « Je n'irai pas chercher loin mes arguments pour démontrer l'urgence de mesures à prendre en faveur de l'agriculture ; je les trouve dans un document dont on a beaucoup parlé dans ces derniers jours, le recensement de la population.

« Nous savons tous que, de tous les Français

qui ont une profession, c'est ordinairement l'agriculteur qui tient le plus à la sienne, si rude qu'elle
soit. C'est peut-être parce qu'elle est rude qu'il y
tient. Il aime la vie au grand air, et ce n'est qu'à
la dernière extrémité qu'il va s'enfermer dans un
atelier. Il n'émigre pas volontiers ; il ne quitte la
terre que lorsqu'il désespère de pouvoir gagner sa
vie, que lorsqu'il est découragé au point de se
dire : C'est fini ; il n'y a plus rien à tenter. — Et
quand ce sentiment s'est emparé de lui, quand il va
gagnant les campagnes de proche en proche, il
amène ce phénomène inquiétant auquel nous assistons depuis plus de dix ans : la diminution pro-
gressive de la population des campagnes.

« En 1866, notre population d'agriculteurs était
de 19,598,000 personnes (soit, comme nous l'avons
vu, la moitié de la population totale de la France).
— En 1881, elle descend déjà à 18,294,289. —
En 1886, dix ans après, elle tombe à 17,698,402
personnes. Ce qui constitue, de 1881 à 1886, une
perte dans la classe des agriculteurs de 1,319,000
individus, et, de 1866 à 1886, une perte de
1,859,713.

« Si nous voulons retenir ou ramener à la terre
les agriculteurs, il faut donc relever leur courage,
leur rendre confiance dans l'avenir, et pour cela

défendre la production agricole contre la concurrence étrangère, quand celle-ci l'écrase. Il dépend de nous de relever des branches de travail agricole qui n'ont été abandonnées que parce que cette concurrence les tue. »

Réserve faite de l'argument tiré du renchérissement probable des denrées nécessaires à la vie, question qui fait l'objet du chapitre suivant, les libre-échangistes se sont quelque peu dérobés sur le terrain de l'agriculture. Toutefois, M. Raynal croit pouvoir déclarer qu'il n'attache pas d'importance à la dépopulation des campagnes. « M. Méline déclare que, d'après lui, il y avait à considérer un fait des plus graves qu'il emprunte aux derniers recensements de la population, je veux dire la constatation que le mouvement qui porte le travailleur des champs à émigrer vers les villes s'accentue. — Ce phénomène n'est pas nouveau, et il ne m'est pas prouvé qu'il soit plus intense aujourd'hui qu'autrefois ; *je crois même qu'il s'est atténué ;* mais en quoi remédiera-t-on à ce fait, qui peut être fâcheux, par une augmentation de tarif ? Je ne vois pas le moindre rapport, la moindre analogie. »

Dans le même ordre d'idées, et pour établir une sorte de contre-partie, M. Lockroy, lui, menace

le pays de l'émigration des industries, et adresse
cette objurgation au Parlement:

« La Chambre, avertie par l'anéantissement de
l'industrie du maïs, des industries calaisiennes et
de bien d'autres industries encore, ne voudra pas
amener, non cet exode des ouvriers agricoles que
semble craindre la commission des douanes, mais
l'exode des industries elles-mêmes, qui sauteraient
la frontière et iraient demander à l'étranger l'existence et la richesse qu'elles ne trouveraient plus
dans notre pays (1). »

Enfin M. Jules Simon prétend que l'argumentation sur laquelle on se fonde pour réclamer la pro-

----

(1) Au moment même où M. Lockroy prophétisait ainsi,
la Chambre, dans la discussion du droit sur le pain, allait
apprendre que, par suite de la non-taxation du pain étranger, les boulangers de la frontière du Nord étaient obligés
ou de renoncer à leur industrie ou de transporter leur établissement en Belgique. En effet, dans cette région, plus
de 300 fours avaient dû être fermés, les faillites succé-
daient aux faillites. Les sociétés coopératives d'ouvriers
se voyaient obligées d'exporter leur outillage au delà de la
frontière pour y cuire du pain et le faire ensuite pénétrer
en France. Un député sorti de la classe ouvrière, M. Basly,
déclare que les importations de pain étranger ne profitent
qu'aux riches, à ceux qui achètent leur pain au comptant,
parce que les ouvriers, ne pouvant acheter qu'à crédit, ne
trouvent ce crédit que près des boulangers français. Vive-

tection en faveur de notre agriculture, suppose que la surélévation des droits est l'unique remède à la situation ; ce qui est une supposition gratuite. — D'autres avec lui font entendre que l'agriculture protégée restera dans l'ornière de la routine, tandis que, talonnée par la concurrence, elle fera forcément appel à toutes les ressources de cette science, qui aujourd'hui produit des miracles à l'aide des engrais chimiques.

Les réponses à ces arguments ont été nombreuses ; nous n'en retiendrons que deux. M. Jules Ferry déclare que les protectionnistes sont loin de considérer, comme on voudrait le faire croire, l'élévation des droits protecteurs comme l'unique remède à tous les maux et la source de tous les progrès. « Il n'en est pas un parmi eux qui ne dise

ment frappée de ces révélations, la Chambre, qui la veille avait cru devoir rejeter le droit proposé sur le pain, est revenue sur sa décision et a voté un droit de 5 francs.

D'autre part, on apprend que, par suite des nouveaux droits, certains industriels belges se disposent à s'établir en France, parce que c'est chez nous qu'ils ont leur principal débouché. Ce double effet ne constitue-t-il pas la réponse la plus piquante à la menace de M. Lockroy? Faute de droits les protégeant, nos boulangers frontaliers « sautent la frontière » ; par la vertu des droits protecteurs, des industries étrangères se transportent chez nous.

avec M. Méline : défendre l'agriculture française par des taxes, c'est bien ; mais ce qui est mieux encore, c'est de la faire progresser par la science et par l'expérience. Les doctrines absolues ne sont pas de leur côté. L'absolu, c'est le libre-échange ; qu'il se déclare vaincu, résigné ou patient, le libre-échange, c'est par essence l'absolu. Et pourtant, si la politique est essentiellement du domaine des choses relatives, on peut dire que celle de ses parties qu'on nomme l'économie politique est par excellence le relatif dans la relativité même..... On pouvait autrefois, dans l'Europe, il y a trente ans, craindre que les industries trop protégées ne s'endormissent sous l'aile de la protection, auprès de leur vieil outillage et de leur ancienne routine. On pouvait dire cela ; c'était un argument qui sert toujours du reste, parce que les arguments ne vieillissent pas dans l'école économiste. Mais celui-ci est quelque peu battu en brèche par le tableau des choses américaines. Car, enfin, l'Amérique est un pays protégé, très protégé. Ce devrait donc être un pays arriéré en industrie, si la protection a vraiment pour conséquence d'énerver la production, d'affaiblir l'esprit d'entreprise, d'anéantir les initiatives individuelles. Or on sait bien que là-bas il n'en est point ainsi. On sait quels résultats la production américaine, sous le régime adopté par elle, a atteint depuis vingt-cinq ou trente ans. » — Rappelant ces résultats extraordinaires déjà signalés par M. Dauphin, M. Jules Ferry conclut ainsi : « Voilà comment s'endort un grand pays qui vit sous le régime de la protection ».

Pour compléter cette démonstration, rappelons les résultats spéciaux à notre agriculture, tels que M. Deschanel a su les préciser devant la Chambre par un chiffre suffisamment expressif et topique. « En 1881, la France ne produisait que 100 millions d'hectolitres de blé ; elle en produit aujourd'hui 109 millions, sans que la surface des terres ensemencées ait augmenté : c'est-à-dire que si nous faisons encore un léger effort, si nous obtenons 14 millions d'hectolitres de plus, la France pourra se suffire à elle-même et devenir exportatrice de blé. Voilà le but que nous nous sommes proposé en demandant le droit de 5 fr., et que nous devons atteindre.

« La solution définitive du problème agricole n'est pas dans la douane, elle est dans la science !

« Il ne s'agit pas là d'un intérêt seulement agricole ; il s'agit d'un intérêt national. Nous voulons que la France reste, au triple point de vue social, politique et militaire, une grande puissance agricole. Il y va de son indépendance et, qui sait ? peut-être un jour de son salut. »

Ce langage concorde de tous points avec celui du ministre du commerce. « Si le gouvernement a généralement accepté les réclamations de l'agriculture, a-t-il dit, c'est qu'il a pensé, en effet, qu'il y avait une raison particulière d'accueillir ces réclamations dans leur ensemble. Nous avons considéré que l'agriculture n'est pas seulement une industrie, la plus rapprochée de la nature, la plus permanente, la plus durable, mais qu'elle est aussi une force sociale, un élément de la vie même des nations; qu'un peuple a le devoir de s'imposer des sacrifices pour la prospérité de son agriculture, comme il s'en impose pour la force de son armée. »

Certes, les plus progressifs, les plus radicaux d'entre les Français, ne sauraient plus songer, si jamais ils l'ont fait, à réclamer la suppression de notre armée permanente; eh bien! les partisans des mesures destinées à sauvegarder nos ressources agricoles, industrielles et commerciales, fortune sans laquelle nous ne pourrions soutenir nos charges militaires, ne sont pas plus réactionnaires, ni moins bons républicains que leurs passionnés adversaires.

II

Les intérêts de la viticulture ont pu longtemps paraître différents de ceux de l'agriculture proprement dite ; mais aujourd'hui ces intérêts se sont complètement solidarisés. Nous croyons donc devoir unir dans ce même chapitre la question des vins à la question du blé.

Pourquoi le Midi, autrefois libre-échangiste, est-il devenu protectionniste ? C'est que, comme l'a exposé M. Viger, après avoir été si cruellement éprouvée par le phylloxéra, la viticulture de cette région a été livrée complètement à la concurrence étrangère par les traités de commerce. Nous disons la viticulture, et non le négoce des vins, car Bordeaux, comme on le verra, est resté tout entier acquis aux théories de Bastiat.

« En 1880, on avait établi une taxe de 4 fr. 50 par hectolitre de vin étranger ; mais bientôt après, on faisait avec l'Espagne un traité qui abaissait cette taxe à 2 fr. par hectolitre. De plus, tandis que le cultivateur ne devait produire que des vins à 8 degrés d'alcool, avec obligation de payer 1 fr.57 de droits par litre d'alcool en plus, l'étranger pouvait faire entrer des vins à 15 degrés en n'ac-

quittant que la taxe de 2 fr. par hectolitre. Par
ce procédé, joint à l'avantage que leur donnaient
les tarifs de pénétration des chemins de fer (1),
les vins espagnols, dont un grand nombre ne
dépassent pas 10 degrés, arrivent en France sous
la forme de véritables mélanges de vin et d'alcool
qui échappent non seulement au droit de 156 fr. 25
par hectolitre qui est le droit de régie, mais encore
à la taxe de douane qui est de 70 centimes par
degré. » Une fois entrés, ces vins pouvaient facilement être dédoublés : d'une barrique on en faisait
deux, pour le plus grand préjudice de nos productions. « Voilà pourquoi le Midi, sauf les grands
ports, est devenu protectionniste. C'est sous
la présidence d'un des grands pontifes du libre-
échange, sous la présidence de M. Leroy-Beaulieu,
que le congrès national de la viticulture a demandé
les droits suivants qu'on trouverait exagérés,
insensés, s'ils avaient été demandés par un protectionniste : « Que le vin exclu désormais des
traités de commerce soit soumis au droit de 20 fr.
par hectolitre, sauf à relever ce droit s'il est
rendu illusoire par les primes d'exportation
que les puissances étrangères accorderaient à leurs

_____

(1) Ces tarifs viennent d'être abolis.

nationaux. Que les raisins secs et autres fruits secs pouvant produire une boisson alcoolique soient soumis au tarif général des douanes, et frappés d'un droit de 30 fr. par 100 kilog. »

Il était de bonne guerre de montrer, par cet acte de M. Leroy-Beaulieu, que les libre-échangistes les plus militants ne font pas fi de la protection quand elle profite à leurs intérêts particuliers; en pareil cas, ils sont de l'avis de ceux qui disent que, quand on en prend, on ne saurait trop prendre.

Un autre défenseur de la viticulture, M. Turrel, a ajouté ces renseignements à ceux de M. Viger : « Le traité de 1881 ayant admis que tous les vins jusqu'à 15°9 pourraient entrer en France moyennant un droit de 2 fr. par hectolitre, immédiatement il s'est produit cette transformation curieuse que les vins du monde entier se trouvaient précisément titrer 15 degrés 9 dixièmes. Or, comme un litre d'alcool paie 1 fr. 56 par degré, 5 degrés paient donc 7 fr. 80; si bien que l'importateur d'un vin alcoolisé à 15 degrés 9 dixièmes jouit à la douane, par l'affranchissement des droits de circulation et de consommation, d'une prime totale de 9 fr. 30.

Aussi les Allemands, voyant leurs alcools arrêtés

à la frontière de l'Est par la loi de 1881, ont-ils
trouvé dans le régime des vins un moyen de tourner la loi. Ils sont allés en Espagne, ont mêlé
leurs alcools aux vins d'Espagne, et ils sont entrés
en France sous le couvert des vins espagnols.
Cela est si vrai que, si l'on prend le chiffre des exportations des alcools allemands en Espagne, on est
amené à reconnaître qu'à mesure que grandissait
l'introduction en France des vins espagnols,
l'entrée en Espagne des alcools allemands grandissait dans les mêmes proportions. La perte de
ce chef pour le Trésor français est de 90 millions 500,000 francs.

« C'est donc au nom de l'égalité que nos viticulteurs réclament l'élévation des droits de douane,
parce que le vin espagnol, en vertu du traité
de commerce de 1881, jouit d'un privilège de
9 fr. 10, et que nos propriétaires, pour amener
leurs vins au même degré, sont obligés de payer
156 fr. par hectolitre d'alcool, tandis que l'Espagne ne paie rien. — Et il en est de même pour
les vins italiens, dont le titrage moyen est 9° pour
les vins blancs, 10° pour les vins rouges, et qui sont
transformés en vins de 14° ou 15°, par l'addition
d'alcool allemand. »

En dehors de cette situation qui lui est faite

sur son propre terrain, la viticulture française se trouve menacéepartout où autrefois ses produits ne rencontraient pas de rivaux. C'est qu'en effet, dans le monde entier maintenant on produit du vin. L'Australie est entrée en ligne, et partout les vins français sont l'objet d'une imitation terrible. Rien qu'à Barcelone, il y a neuf maisons qui n'ont pour fonction que l'imitation de nos vins. Un rapport de notre consul signale ce fait.

En Portugal, la production a augmenté et aussi la même alcoolisation.

L'Italie, qui a créé en 1889 des primes de 10 et 20,000 fr. pour l'encouragement et l'amélioration des procédés de fabrication, vise à nous supplanter dans la République Argentine.

En Californie, le vignoble prend une extension considérable ; et la contrefaçon de nos vins mousseux de Champagne se fait dans une proportion énorme. Nous avions, en 1877, exporté dans ce pays 5,214 hectolitres de vin ; en 1884, notre exportation est tombée à 891 hectolitres.

Au Chili, il se crée une nouvelle industrie véritablement redoutable, celle des moûts concentrés. On transforme les raisins en moût dans le pays où la vinification n'est pas possible, on importe ce moût en Angleterre, et là on en extrait, par des procédés particuliers, des eaux-de-vie et des vins qui peuvent faire concurrence aux eaux-de-vie de la Charente, aux vins français. — Quand tous nos débouchés se restreignent de telle sorte, sachons au moins défendre notre marché intérieur.

Pour conclure, l'une des garanties les plus sérieuses réclamées par les viticulteurs étant l'abaissement du degré alcoolique des liquides admis comme vins par les tarifs, les libre-échangistes, et notamment M. Raynal, se sont attachés à prouver qu'on n'était pas fondé à limiter le titre alcoolique à 10 degrés 9 dixièmes, et qu'il y a des vins qui, à l'état naturel, ont un titre supérieur.

« Par une loi récente, a dit M. Raynal, vous avez décidé que la Tunisie et l'Algérie pouvaient introduire en franchise chez nous des vins titrant jusqu'à 12 degrés. Vous avez donc par là reconnu que les vins venant d'Algérie et de Tunisie jusqu'à 12 degrés sont naturels et non vinés artificiellement, frauduleusement. Il faut donc le reconnaître aussi pour les vins d'Espagne. Soutenons nos intérêts, mais n'employons pas à l'encontre de ceux d'un pays ami, des arguments sans valeur... Faisons-le d'autant moins que les vins que nous avons tirés d'Espagne, il me serait facile de le démontrer, nous ont rendu autant de services qu'aux Espagnols eux-mêmes. Oui, c'est grâce aux vins espagnols que nous avons maintenu notre commerce d'exportation pour certaines destinations. Prenez garde qu'avec une rupture nous nous trouvions en très fausse situation. Prenez garde de forcer nos négociants à s'installer en Espagne, ou de voir passer dans les mains des étrangers les affaires que nous faisons aujourd'hui ! »

Ce dernier argument, s'appliquant au négoce des vins plutôt qu'à leur production, ne pouvait guère toucher les défenseurs de la viticulture. — Quant à la question du degré, ils répondent que, s'il est des vins de 11 ou 12 degrés, ce sont les moins nombreux ; qu'à l'état naturel les vins ne pèsent guère plus de 8, 9 et 10 degrés ; que, devant légiférer pour l'ensemble de la production vinicole et non pour les exceptions, l'on a dû, avec toute raison, établir une moyenne.

Enfin l'un d'eux, M. Jamais, a démontré que c'était surtout la petite propriété qui était appelée à profiter du relèvement des droits, à la faveur desquels s'achèverait la reconstitution des vignobles français. « Ce qui fait, a-t-il dit, que cette reconstitution présente un intérêt particulier, à l'heure actuelle, c'est que nous défendons, non pas la grande propriété, mais la moyenne et la petite. La grande propriété a reconstitué, dans une large mesure, ses vignobles, parce qu'elle avait des capitaux qui lui ont permis de le faire. Et aujourd'hui, c'est surtout la petite propriété qui reconstitue, ce sont les petits et moyens viticulteurs, si nombreux dans cette région du Midi où la terre est si morcelée.

Sur ce terrain encore, la cause soutenue par les protectionnistes revêt donc un caractère essentiellement national et démocratique. Quant au commerce de grande exportation, qui vit tout aussi bien du trafic des produits étrangers que de celui des produits français, sans contester en rien l'importance de son rôle, il faut bien reconnaître qu'il est l'apanage des hauts barons du négoce. Si donc l'oligarchie commerciale et financière dénoncée par M. Challemel-Lacour existe quelque part en France, c'est bien plutôt de ce côté qu'il faut la chercher que du côté de la culture.

L'OBJECTION DU RENCHÉRISSEMENT DE LA VIE. LES SALAIRES. LES PRIX DE REVIENT. PRODUCTEURS ET CONSOMMATEURS. LA SURPRODUCTION ET LES SYNDICATS.

Dans son discours encyclopédique, M. Lockroy prétend qu'avec les nouveaux tarifs le prix de tous les objets nécessaires à la vie va devenir exorbitant. Dans ce but, il établit des chiffres, dont aucun, heureusement, ne soutient l'examen, ainsi qu'on le verra par les notes ci-après. A l'entendre, « la France républicaine et démocratique se trouvera le pays d'Europe où la vie du pauvre et du travailleur sera plus difficile et plus meurtrière ». Cette assertion, émise pour être reproduite par les journaux, ne saurait guère se concilier avec ce fait que, de tous les pays d'Europe, le nôtre est celui où les étrangers en quête de moyens d'existence trouvent le plus facilement à vivre ; mais voyons la démonstration.

« Le froment, dit M. Lockroy, supporte en

France un droit de 5 fr. (1), alors qu'il ne paie que 3 fr. 25 en Autriche, 30 centimes en Suisse. rien en Belgique, rien dans les Pays-Bas. Quant au pain, alors que les protectionnistes veulent le taxer à 6 fr. (2), il ne paie que 5 fr. en Allemagne, 3 fr. 75 en Autriche, 1 fr. 15 en Italie ; le Portugal, pays de prohibition, ne le taxe qu'à 3 fr., c'est-à-dire moitié moins ; enfin dans les Pays-Bas, il est exempt de droits (3). »

Pour M. Lockroy, le protectionnisme, outre qu'il amène le renchérissement de la vie, entraine l'abaissement des salaires. « Tandis que sous le régime de la liberté commerciale, affirme-t-il, les salaires en France ont augmenté de 50 p. 100. »

A cet égard, un argument des protectionnistes,

(1) Le droit sur le blé a été suspendu à partir du 10 juillet 1891.

(2) Le pain n'a été taxé qu'à 5 fr., avec exemption pour les petites quantités importées par les riverains pour leur consommation journalière. Au lendemain même du jour où a commencé l'application des nouveaux droits, le prix du pain, loin d'augmenter, a baissé de cinq centimes.

(3) Dans la séance du 15 juin, M. de Villebois-Mareuil a fait connaître que M. Lockroy avait produit des chiffres inexacts et que, partout où le pain est taxé, il l'est beaucoup plus fortement qu'en France. En Allemagne, il paie 13 fr. ; en Autriche, 9 fr. ; en Portugal, 8 fr. ; en Italie, 12 fr. ; en Espagne, 14 fr.

argument dont ils trouvent la confirmation dans l'exemple des Etats-Unis, c'est que les salaires s'élèvent d'autant plus que les producteurs sont mieux protégés contre la concurrence étrangère. M. Léon Say, naturellement, ne veut pas qu'il en soit ainsi, et il pose cet axiome économique, que la hausse des salaires est subordonnée à la baisse des prix de revient. A notre avis, une part de vérité existe dans chacune de ces deux manières de voir ; les protectionnistes l'ont d'ailleurs reconnu, en admettant la franchise pour les matières premières. Au surplus, voici en quels termes M. Léon Say développe sa théorie :

« Depuis le commencement du siècle, nous avons vu tous les prix de revient baisser successivement et, au contraire, tous les salaires se relever. Examinez les chiffres, et vous constaterez deux courbes : la courbe du prix de revient qui s'abaisse, et celle des salaires qui se relève. Ce sont les prix de revient qui sont compressibles, et non les salaires. Vous savez bien que des marchandises qui coûtaient autrefois 25 et 30 fr. n'en coûtent que 2 ou 3 aujourd'hui ; cet abaissement provient du progrès de la science, des modifications apportées, à la suite de ces progrès, dans l'organisation de nos usines par les ingénieurs, des découvertes de

la chimie. Et tous ces progrès, par quoi se tra-
duisent-ils ? Par une diminution des prix de revient et par une augmentation dans les salaires. »

Le même orateur fait une addition effrayante
des millions qui vont peser sur la consommation :

« J'ai recherché, dit-il, quel était le produit
actuel des droits de douane — il est de 355 millions ;
— puis, quel il serait le lendemain du vote des
tarifs que l'on vous propose, et j'ai fait le calcul
en prenant pour base d'abord le tarif minimum,
puis le tarif maximum. Eh bien ! pour le tarif minimum ce serait une augmentation sur les produits
de douane actuels, de 140 à 141 millions, et pour le
tarif maximum cette augmentation serait de 242
millions, si l'importation des marchandises ne
diminue pas. Ce total est exorbitant, et il aggraverait
la charge de la consommation dans des proportions intolérables. »

Rappelant que le fret des blés et des cotons est
plus élevé pour la France que pour l'Angleterre,
il ajoute l'écart du fret à l'écart de l'impôt. « Etant
admis le chiffre moyen de 3 fr. 75 pour la différence qui en résulte et ce chiffre étant appliqué à
l'ensemble de la population de la France, nous arrivons à un total de 393 millions ». Ce n'est pas
encore tout. « En additionnant les impôts sur le

blé, sur le seigle, l'orge, l'avoine, le maïs, c'est un total de 424 millions qui représente la surcharge de la consommation ; et si l'on consulte les statistiques agricoles, si l'on ajoute la viande et le vin, on arrive à un total d'impôts visibles et invisibles de 800 millions, dont 642 millions n'entrent pas dans la caisse du Trésor, mais dans celle des citoyens français qui sont protégés et dont 152 millions seulement reviennent au Trésor.

Avec M. Challemel-Lacour ce compte de charges est arrivé à s'élever à 1,800 millions devant le Sénat. Un joli denier et une bien lourde charge, comme on voit. Aussi M. Jules Simon déclare-t-il que si chacun, pour sauver notre agriculture, ferait généreusement le sacrifice de son bien-être, il y a un sacrifice que l'on ne peut pas faire : celui de la nourriture. « Nous ne pouvons pas nous passer de pain, nous ne pouvons pas nous passer de viande (1). »

Enfin M. Poirrier, pour combattre l'argument tiré de l'exemple des Etats-Unis, s'arme de ce passage d'un rapport de notre consul général à Chicago : « Comme la cherté de la production

______

(1) Voir, à la fin de ce chapitre, la belle réponse faite par M. Couteaux à cet argument spécieux.

américaine empêche le produit manufacturé de
s'exporter du pays, l'industriel cherche à se conserver le marché intérieur, tout en tirant du tarif
qui le protège le meilleur parti possible. Il ne
s'applique pas à développer la concurrence à l'intérieur, comme le prétendent les protectionnistes;
il se syndique avec ses rivaux pour limiter la production aux besoins mêmes du marché, afin de
maintenir les prix à la limite extrême du tarif; de
là des réductions calculées dans la marche de
l'usine.

« Dans certains états et dans certaines industries,
les campagnes de travail sont parfois, par entente
commune, réduites aux trois quarts ou aux deux
tiers d'un plein exercice, ou l'usine renvoie un
tiers, un quart de ses équipes. Ce sont même ces
chômages raisonnés qui ont amené l'ouvrier à
réclamer le travail de huit heures, dans le seul but
d'obliger les usines à travailler un quart en plus,
pour compenser ainsi ce que les patrons cher-
chaient à économiser d'autre part. »

M. Poirrier croit-il bien à la possibilité de
pareilles manœuvres en France? Nous ne savons;
mais toujours est-il qu'il en conclut que le protectionnisme engendre les syndicats; que ceux-ci
font à leur gré la hausse et la baisse des cours, dis-

posent souverainement de la marche de l'industrie et amènent ainsi, de la part des ouvriers, des demandes de réglementation du travail. Pour lui, ce régime est pernicieux parce qu'il encourage la routine des uns, suscite des espérances illusoires chez les autres, et qu'il risque ainsi d'enrayer l'essor de nos industries et de jeter la discorde dans le monde du travail.

* *
*

Le reproche de préparer le renchérissement de la vie est un de ceux dont les protectionnistes ont eu le plus à cœur de se défendre, et cela se comprend de reste. Tout d'abord, M. Méline déclare et prouve que l'allégation d'après laquelle les droits de douane exercent une répercussion égale à leur montant sur la valeur des objets de consommation n'est nullement fondée, et que, par suite, l'argument de M. Léon Say tombe de lui-même. Sa démonstration résumant les principes et les faits sur lesquels se fondent les protectionnistes, nous en reproduisons la partie essentielle :

« A l'égard du blé, a-t-il dit, je reconnais que depuis deux ans le droit a produit son plein effet, c'est-à-dire a relevé les cours de toute sa valeur, de 3 fr. quand il était do 3 fr., de 5 fr. quand il était de 5 fr., parce que nos récoltes ont été insuffisantes. Mais elles l'auraient été bien plus encore, si laculture n'avait pas reçu cet encouragement sans lequel elle ne pouvait plus se maintenir. Il faut bien voir le but que nous poursuivons en protégeant notre agriculture. Si nous ne l'avons pas encore atteint, c'estqu'il n'est pas possible, du jour au lendemain, de transformer la production agricole. Ce but que nous poursuivons — et nous l'atteindrons, j'en ai la conviction, avant dix ans, — c'est d'amener la France à produire assez de blé pour se suffire. Depuis que le droit existe, les rendements se sont accrus de 11 p. 100. Ce n'est pas encore assez, mais c'est une indication de ce que l'agriculture est capable de faire quand elle se sent soutenue.

Mais si le droit sur le blé est la seule taxe qui momentanément soit de nature à donner une apparence plausible à son raisonnement, M. Léon Say a-t-il raison pour les autres taxes qui intéressent l'alimentation publique et sur lesquelles il a glissé légèrement ? Disons un mot du sucre, par exemple.

En 1884, le Parlement a voté une loi allouant des primes aux fabricants qu'il entendait protéger contre l'étranger. En échange, il leur demandait de suffire à la consommation française, car vous vous rappelez que lorsque cette loi a été votée, la France était encore tributaire de l'Allemagne pour 30 millions environ de sucre brut. Or, à la suite de cette mesure, le prix de notre marché intérieur comparé à ceux de l'étranger est loin, bien loin de représenter le montant du droit protecteur. Voici les cours : en 1891, à Paris, le cours du sucre brut était de 35,50; en Belgique, il était de 35,25, et il n'existe pas de droit dans ce pays; en Angleterre, il était de 34,40, soit une différence de 1 franc; en Allemagne, il était de 34,08. — Osera-t-on dire que la taxe a produit son effet? M. Léon Say, dans son calcul, ajoute le droit de 7 fr. et relève d'autant le prix du sucre. Cette façon de raisonner est erronée, car la taxe de 7 fr. qui existe sur le sucre brut ne produit pas même un effet de 1 fr. Cependant tout le calcul de M. Léon Say consiste à multiplier la production totale du sucre brut par 7.

Arrivons au bétail. Ici l'affirmation de M. Léon Say est plus surprenante encore. La viande est, en effet, un des produits d'alimentation les plus importants, les plus nécessaires. M. Léon Say assure que le résultat des droits que l'on a mis ou que l'on mettra sera d'augmenter la dépense du consommateur de 240 millions. Il suffit d'opposer l'histoire de ce qui s'est passé depuis dix ans. Nous avons relevé à deux reprises, en 1885 et en 1887, les droits sur le bétail, et dans une proportion considérable, puisque le droit sur les bœufs a été porté de 15 à 38 fr. Eh bien! le producteur, depuis cette époque, a-t-il vendu son bétail à des prix augmentés de toute l'importance du droit? A-t-il relevé ses prix de façon à constituer pour le consommateur étranger un avantage sur le consommateur français?

J'ai sous les yeux un tableau très exact, fort complet, que j'ai fait dresser, qui commence en 1879, bien avant que nous ayons mis un droit sur le bétail, et qui finit à 1891. Je puis donner les chiffres par année et par moyenne de quatre années. Je vous ferai grâce des années, parce que ce serait une trop longue énumération : les moyennes suffisent pour ma démonstration.

Combien le cultivateur a-t-il vendu son bétail? De 1880 à 1883, pour le bœuf, le prix moyen était de 1 fr. 41 le kilog. — De 1884 à 1887 — après que nous avons établi nos droits — il a été de 1 fr. 40, soit 1 centime en moins. — De 1888 à 1891, il a été de 1 fr. 29, soit 12 centimes en moins. De même pour le mouton, le veau et le porc, la baisse est croissante.

Non content de cette vérification, j'ai prévu l'objection que me font beaucoup de mes collègues, que vient de me faire M. Léon Say et qui est la suivante : il est possible que le prix de la viande se soit abaissé en France, mais il s'est abaissé dans les mêmes proportions à l'étranger. Eh bien, c'est encore là une erreur. J'ai fait les relevés des prix sur trois marchés : ceux de Paris, de Londres et de Genève, et voici les chiffres résultant de ce travail :

En 1885, le prix du bœuf à Paris a été de 1 fr. 39 par kilog. ; à Londres, de 1 fr. 64 ; à Genève, de 1 fr. 45, prix encore plus élevé que celui de Paris. — Passant immédiatement à 1890, nous trouvons qu'à Paris le bœuf est à 1 fr. 44 ; à Londres, 1 fr. 50 ; à Genève, 1 fr. 58.

Voilà ce que disent les mercuriales officielles, indiscutables. Je demande maintenant à mes contradicteurs de me dire comment ils peuvent justifier leur thèse. C'est qu'en effet le droit est payé en grande partie par l'importateur, quoi qu'en dise M. Léon Say. Et puis, il n'est pas nécessaire que le droit produise toujours son effet. Son rôle protecteur est utile surtout dans les moments de crise, quand la production étrangère, se trouvant arrêtée quelque part, reflue en masse sur le marché français.

Bien loin de produire le renchérissement des produits agricoles, la protection douanière en amène l'abaissement constant, parce qu'elle détermine la production intérieure à se développer, de façon à donner satisfaction à la fois au producteur et au consommateur.

Ici le but poursuivi a été atteint, puisque depuis six à dix ans la production du bétail, à la connaissance de tous ceux qui vivent dans les campagnes, s'est développée dans des proportions énormes. Il y a cinq ans, nous achetions encore pour 173 millions de bétail à l'étranger, et cette année nous ne lui achetons plus que pour 11 millions. Certaines branches de production de bétail non seulement suffisent aux besoins de la consommation en France, mais encore sont arrivées à exporter. Voilà le résultat de ces lois douanières qu'on dénonce comme ayant pour effet de peser de tout leur poids sur le consommateur ! En réalité, elles soutiennent le producteur et bénéficient au consommateur lui-même.

Pour expliquer pourquoi les prix de vente au détail augmentent néanmoins, alors que les producteurs agricoles vendent leurs produits à des taux de plus en plus bas, l'orateur prouve que cela tient à ce qu'entre le producteur et le consommateur se sont glissés une série d'intermédiaires, de spéculateurs très habiles qui, eux, trouvent toujours le moyen de gagner quand le producteur est en perte.

Il y a des intermédiaires utiles ; on en voit partout ; mais où un intermédiaire suffit, il n'en faudrait pas dix ; sinon c'est un malheur. M. Méline le dit en invoquant le témoignage même de certains de ses adversaires. « J'ai sous les yeux une délibération de la Société d'économie politique de Lyon, où je trouve ce passage significatif, qui prouve combien nous sommes en retard sur nos voisins à ce point de vue. « Sans nier l'utilité « des intermédiaires, ces Messieurs ont démontré « que les intermédiaires étaient trop nombreux en « France. Chez nous, le nombre des intermédiaires « de commerce en général est de 12 p. 100, « tandis qu'en Allemagne, ce chiffre dépasse à « peine 6 p. 100. » Voilà la proportion.

Au-dessus des petits intermédiaires, il y a tout un état-major peu nombreux, mais puissant, qui brasse les affaires par millions et qui n'admet pas qu'on réduise ses bénéfices en limitant l'importation étrangère. « Voilà nos véritables adversaires, qui ne nous pardonnent pas de prendre en main l'intérêt des producteurs ; ce sont des importateurs mécontents qui mènent contre nous la campagne bruyante et violente à laquelle nous assistons depuis plusieurs mois. Pour nous attaquer, il faut bien qu'ils prennent un masque. Ils n'oseraient jamais dire : Nous demandons qu'on laisse la porte large ouverte à l'importation des produits étrangers, parce que c'est sur le produit étranger que nous réalisons les plus gros bénéfices. Ils ont donc pris en main l'argument et la cause du consommateur. Ce n'est pas nous que nous défendons, viennent-ils dire, c'est le consommateur ; nous ne songeons qu'à lui ; nous sommes la masse, l'intérêt général, et vous, vous êtes le privilège, l'intérêt particulier. — Eh bien ! il ne faut pas que la Chambre s'y trompe ; il faut qu'elle voie bien quels sont les véritables adversaires qui sont en face de nous et à quelle petite oligarchie ils se réduisent. »

On ne peut pas décourager directement les intermédiaires de leur métier ; mais on peut encourager les producteurs à produire, on le peut par un bon régime économique qui protège le travail.

Au Sénat, M. Dauphin développe la même thèse ; aux assertions produites par M. Poirrier concernant l'action que des syndicats exerceraient aux Etats-Unis, en vue de limiter la production et les salaires, il oppose des chiffres absolument précis. On ne comprendrait pas, du reste, que le régime protectionniste puisse avoir pour lui la voix du peuple américain, comme le constatent à regret l'Angleterre et l'Allemagne, si ce régime était défavorable au consommateur et à l'ouvrier.

Pour s'en tenir à quelques exemples, les rails de chemins de fer, dont on a fait depuis vingt ans aux Etats-Unis une dépense de plus de 2 milliards 1[2 dans de gigantesques constructions, ont annuellement et continuellement baissé de prix depuis que les rails étrangers ont été frappés d'un droit de 140 francs la tonne. Les jantes de locomotives, qui se payaient autrefois 1 fr. 70 la livre, s'y vendent aujourd'hui à 48 centimes. — Les tapis, avant l'établissement du système protectionniste, leur étaient fournis pour moitié par l'Europe. Aujou.:d'hui ils en fabriquent pour 300 millions par an, et l'importation ne leur en apporte plus que pour 8 millions seulement. Ils les établissent à des prix bien moins élevés que ceux auxquels nous pouvons les produire.

Quant à la question des salaires, c'est justement là que leur secrétaire d'Etat, M. Blaine, triomphe. Il proclame avec un légitime orgueil — et personne ne pourrait contester ses chiffres — que

les salaires aux Etats-Unis sont de 70 et 100 p. %
plus élevés qu'en Angleterre.

On objecte que l'Amérique étant un pays nouveau, l'industrie s'y est créée de toutes pièces,
tandis que notre industrie est une vieille doyenne
qui ne peut plus grandir. Cela a pu être vrai en
1865 ; mais aujourd'hui la fabrication américaine
est hors de pages, dans toute sa splendeur, elle peut
lutter avec toutes les autres, et, loin qu'elle songe
à renoncer à ses idées protectionnistes, le bill Mac-
Kinley est plus que jamais le dernier mot de sa
politique économique.

Devant la même assemblée, c'est M. Jules
Ferry qui a réfuté ce qu'il appelle la légende
de M. Léon Say, légende formée des chiffres
si effrayants que celui-ci avait évoqués à l'ap-
pui de ses théories devant la Chambre des députés.

« La grosse objection, dit M. Jules Ferry, l'objection populaire qui, sous des formes plus ou
moins brillantes, revient dans tous les discours,
dans toutes les polémiques, dans toutes les discus-
sions, c'est l'objection de la cherté. — Les protectionnistes, dit-on, font la cherté des subsis-
tances ; ils affament le peuple ; ils ont rendu déjà
la viande et le pain plus chers ; ils prélèvent, s'écrie

la chambre do commerce de Bordeaux, 350 millions sur la subsistance du peuple.

« M. Léon Say lui-même s'est fait l'organe de ces accusations passionnées. Il a développé, avec beaucoup de gravité et beaucoup d'étendue, la thèse de ce qu'il appelle l'impôt visible et l'impôt invisible. L'impôt visible, c'est la répercussion du droit de douane sur tous les prix du marché intérieur. De son calcul, il résulte que, pour les céréales et les viandes, l'impôt visible s'élève à 152 millions. Puis, comme il établit, un peu arbitrairement, une proportion de 1 à 4 entre l'importance du marché intérieur et celle des productions étrangères introduites en France, il évalue ce qu'il appelle l'impôt invisible, c'est-à-dire l'augmentation des droits sur des marchandises consommées à l'intérieur et venant du pays même, à 642 millions. Il arrive ainsi à un total de 794 millions.

Ensuite, comme les millions ne lui coûtent pas, il ajoute aux millions des céréales et des viandes — toujours d'après la même méthode — les millions des produits industriels, s'élevant à 241 millions d'impôts visibles et 1 milliard d'impôts invisibles, ce qui fait en tout 2 milliards 44 millions d'impôts visibles ou invisibles.

Tout cela est de la haute fantaisie, et de la haute

fantaisie dangereuse, car la contre-vérité incessamment reproduite arrive souvent à former ce qu'on appelle une légende. La formule de cette fausse, tout à fait fausse manière de voir des libre-échangistes, est la suivante : « La valeur d'une marchandise à l'intérieur est relevée de toute la valeur du droit perçu à la frontière sur l'objet similaire » ; par conséquent, tout le blé qui se consomme à l'intérieur de la France, par cela seul qu'un droit de 5 fr. a été mis sur cette denrée à la frontière, se trouve grevé d'un supplément de prix égal à ces 5 fr.

Telle n'est pas, tant s'en faut, l'opinion de tout le monde. L'honorable M. Grandeau, qui est un libéral en économie politique, l'honorable M. Risler, qui dirige avec tant de compétence et de succès notre admirable Institut agronomique, ont une thèse tout à fait différente. Ils disent : « Pas du tout : les droits à l'entrée ne grèvent le marché intérieur des céréales que dans une proportion adéquate à l'importance relative des quantités introduites ».

Si difficile que soit la question à résoudre, le bon sens et l'expérience nous autorisent à dire que la vérité est entre ces deux thèses contraires, et qu'il se fait entre l'importateur étranger et le consommateur français une sorte de partage du droit de douane.

En fait, dans les cinq années qui ont précédé l'établissement des droits sur les céréales, le prix moyen de l'hectolitre de blé ressort à 24 fr. 46.

Depuis 1884, sous l'empire des droits, le prix moyen n'est plus que de 17 fr. 65. — Près de 7 fr. de moins, voilà la cherté !

La loyauté exigerait que ceux qui crient : « A l'affameur ! » entrassent dans ce détail, qu'ils disent si ces chiffres sont faux, par où ils sont à reprendre, et lequel dit la vérité, de celui qui proclame que l'agriculture prélève un impôt de 350 millions sur la subsistance du peuple, ou de ceux qui montrent, par des chiffres, que le prix de cette denrée de première nécessité a baissé depuis 1885.

Et le pain ? car c'est là la résultante ; c'est là que la question de la cherté se pose d'une façon grave, douloureuse, effrayante parfois. On étonnerait fort beaucoup de braves gens qui assistent aux meetings de telle ou telle société pour la défense de l'alimentation populaire, si on leur disait que le pain ne s'est ressenti en aucune façon des changements apportés dans la législation des céréales ; rien pourtant n'est plus vrai. — Ce phénomène étrange vient de ce qu'il existe entre les prix de

la boulangerie et l'état du marché du blé de tels
écarts, qu'il faudrait une hausse presque impossible à prévoir, à imaginer, pour que cette marge
énorme qui sépare le prix du blé aux halles, du
prix du pain au détail, pût jamais être comblée, et
pour que le prix du pain en fût sérieusement affecté.

Mais alors s'élève cette objection : s'il en est
ainsi, à quoi servent les droits ? — Les droits n'ont
jamais été, dans la pensée des protectionnistes,
destinés à produire les hauts prix ; ils ont été, dans
la pensée du législateur de 1885 et de 1887, uniquement institués pour préserver notre agriculture
de l'effondrement des prix. Il est curieux de constater que cet effet de préservation, ils le produisent à l'heure qu'il est. Tandis que le prix moyen
du blé sur notre marché se maintient à 26 fr. 38
le quintal, un peu moins cher qu'en 1879, il tombait, dans la dernière semaine d'octobre 1891, à
19 fr. 65 sur le marché de Londres, et sur le
marché de New-York également à 19 fr. 65. —
Parmi tous les hommes de bonne foi, qui pourrait
se plaindre d'un droit qui empêche le prix du blé
de tomber à 19 fr. 85 ou 19 fr. 65 le quintal, prix
actuel du marché de Londres ? Ne vaudrait-il pas
mieux, cent fois, laisser les terres en friche que de
cultiver le blé à ce prix-là ?

Après avoir fait la même démonstration pour la viande, M. Jules Ferry conclut ainsi : Quant au secret de cette sorte de miracle, c'est un phénomène que les économistes veulent ignorer de parti pris, parce qu'il gêne leurs anciennes théories ; c'est le phénomène de l'action incessante de la concurrence intérieure.

Oui, c'est la concurrence intérieure réveillée et surexcitée, qui a été la conséquence directe et la plus heureuse, des taxations nouvelles sur les céréales et les bestiaux. L'agriculture s'est trouvée rassurée, l'élevage a repris courage, et quand même l'effet des droits n'aurait été qu'un effet moral, n'est-ce pas déjà un acte de bonne, d'utile et haute politique que celui qui produit de pareils résultats ? — Pour clore ce chapitre, voici de quelle heureuse façon M. Couteaux définit le producteur et le consommateur :

« Alors que les libre-échangistes n'envisagent l'intérêt des citoyens qu'au point de vue des consommateurs, les protectionnistes, eux, le voyant surtout au point de vue du producteur, quelle est donc la définition du consommateur et quelle est celle du producteur ? Le consommateur est l'homme qui reçoit un service ; le producteur est celui qui le rend. Les libres-échangistes accordent toutes leurs faveurs à l'homme qui reçoit le service ; les protectionnistes réservent les leurs à celui qui le rend. »

En conséquence de leur principe, les libre-échangistes soutiennent que le meilleur moyen de faire le bonheur de tous les citoyens est de leur apporter les marchandises au plus bas prix possible, dussent-ils aller les chercher en pays étranger, privant ainsi de leur travail ceux de leurs concitoyens qui les produisent chez nous. — A cette assertion, dont l'apparent libéralisme dissimule mal le fond terriblement égoïste et même anti-national, M. Couteaux répond en ces termes qui ont formé la péroraison très applaudie de son excellent discours :

« Contrairement aux libre-échangistes, je crois que le meilleur moyen de faire le bonheur de tous les citoyens est de leur garantir avant tout leur travail, dussent-ils se faire des sacrifices mutuels en payant un peu plus cher les objets qui leur sont nécessaires et qui sont les produits du voisin.

« ... Je voudrais que l'on demandât aux différents corps d'état leur opinion à ce sujet ; mais il faudrait que la question fût loyalement posée.

« Voici, par exemple, un menuisier du faubourg Saint-Antoine ; il ne faudrait pas demander simplement à ce menuisier si, pour sauver la culture française, il est d'avis qu'on mette un droit sur les blés étrangers; trop probablement, étant donnée la nature humaine, le menuisier répondrait que, ne cultivant pas le blé, mais le mangeant, son intérêt est de le payer le meilleur marché possible, et qu'il opine en conséquence pour la suppression des droits sur les blés.

« Non, ce n'est pas ainsi qu'il faudrait poser la question. Il faudrait dire à ce menuisier : Nous allons décider que les bois travaillés en Suède et en Allemagne entreront librement en France (1); mais, pour vous indemniser, nous avons décidé du même coup que les droits sur les blés seraient supprimés. — Eh bien, je ne serais pas fâché de connaitre la réponse du menuisier... je ne serais pas fâché de savoir si la faible diminution sur le prix de son pain, qui résulterait de la suppression des droits sur les blés, lui paraîtrait une compensation suffisante à la ruine de son industrie, s'il est patron, à la réduction considérable, sinon à la privation totale de son salaire, s'il est ouvrier. Voilà le point

(1) Une enquête a fait reconnaître que, pour toutes les parties de menuiserie qui peuvent être établies d'avance en grande quantité sur des dimensions courantes, le prix de revient en Suède est à peine celui de la matière première, c'est-à-dire du bois brut en France.

véritable, le point capital de la question économique. Et, pour mieux le mettre en lumière, je vais vous soumettre un second exemple plus saisissant et plus décisif encore.

« Lorsque nous demandons, pour assurer le salut de la culture française, des droits sur les blés étrangers, le libre-échange nous répond : Non ! nous ne pouvons pas vous accorder cela, parce que ce serait léser les intérêts de cet ouvrier en cotonnade, dont le droit est d'obtenir son blé au meilleur marché possible, dût-il l'acheter en Angleterre.

« Conséquence finale : l'ouvrier en cotonnade enverra son argent en Amérique, le cultivateur enverra le sien en Angleterre... jusqu'au jour où l'ouvrier en cotonnade privé de son travail par le chômage forcé de la fabrique qui l'employait, où le cultivateur ruiné par l'impossibilité de vendre, même au prix de revient, les produits de sa ferme, n'auront plus le premier sou pour acheter, l'un son blé, l'autre sa blouse, à si bon marché qu'ils puissent être.

« Et l'on nous dit que là est vérité ; que là est le régime économique qui convient à notre pays ! Non, messieurs, la vérité n'est pas là ; non, le régime qui convient à la France n'est pas le régime qui prend pour devise la formule égoïste, antinationale, du « chacun pour soi ».

« Le régime économique qui convient à la France est le régime qui prend pour devise la formule généreuse, fraternelle et patriotique : « Chacun pour tous et tous pour chacun » ; c'est celui où tous les citoyens se prêtent mutuellement, par des sacrifices réciproques, aide et assistance dans le grand combat pour la vie, mettant ainsi en œuvre sous leur forme la plus simple, la plus pratique et la plus féconde, les sentiments de justice et de solidarité qui doivent animer tous les enfants d'un même pays vis-à-vis les uns des autres. »

LE RELÈVEMENT DE NOS TARIFS DOIT-IL AMENER NOTRE ISOLEMENT POLITIQUE ? LA QUESTION DES REPRÉSAILLES. — L'ARTICLE 11 DU TRAITÉ DE FRANCFORT. — LE TARIF MINIMUM ET LE TARIF MAXIMUM. — SOYONS RICHES POUR ÊTRE FORTS.

Le second argument dont les libre-échangistes se sont le plus servi, c'est celui de l'isolement où nous réduira, d'après eux, l'élévation de nos tarifs. Se gardant de reconnaître que les autres pays se protègent de bien autre façon, ils ont vivement insisté sur la question des représailles.

Au point de vue de la politique, dit M. Lockroy, la sagesse nous conseille de conserver soigneuse-ment toutes les sympathies que nous pouvons avoir au dehors. « En ce moment si grave où une autre politique s'étudie avec ardeur à rallier autour d'elle toutes les amitiés que nous sommes assez impru-dents pour décourager, tous les peuples que vous forcerez à se tourner contre nous, vous allez élever de vos propres mains autour de la France une sorte de muraille de Chine (1). On allègue qu'il sera possible, avec le système des deux tarifs, de conclure des conventions commerciales. Seulement, on nous prévient en même temps que, voulant conserver le marché national aux Français, on établit un tarif minimum suffisamment élevé pour que les produits étrangers ne puissent pas pénétrer en France. Quand on agit ainsi, c'est que l'on veut briser tous les rapports commerciaux et industriels qui nous lient aux autres pays d'Europe... Les deux tarifs sont tellement rapprochés l'un de l'autre que l'espace qui les sépare n'est pas suffisant pour qu'on puisse glisser un traité entre les deux. »

M. Aynard ne veut pas encore prononcer ce grand mot d'isolement ; mais il craint de nous voir partir pour la protection quand les autres en

(1) M. Lockroy fait ici allusion aux traités récemment conclus par l'Allemagne. Mais, quand on les examine de près, ces traités, dont on fait tant de bruit, se réduisent à très peu de chose, car le nombre des articles auxquels ils s'appliquent est extrêmement restreint. Un seul chiffre va pouvoir le faire constater. Tandis que la majoration antérieurement apportée par l'Allemagne à ses tarifs ne s'élève pas à moins de 300 millions, la diminution qui résultera de ses conventions sera tout au plus de 30 millions ; soit un reste léonin de 270 millions.

reviennent, et justifie ainsi ses appréhensions :

« L'axe de la direction commerciale de l'Angleterre s'est déplacé. L'importance de la consommation des produits anglais est, pour l'Europe, de 6 schellings seulement par tête, de 14 schellings pour les colonies anglaises. Maintenant que l'Europe est sous le régime de la grande industrie, l'Angleterre, par un mouvement très intelligent, conforme à son génie commercial hardi, a cherché de nouveaux débouchés dans ses colonies. Celles-ci étant complètement libres au point de vue fiscal et économique, les Anglais inclinent à penser qu'il y aurait intérêt à établir des liens plus étroits entre elles et la mère-patrie.

« L'Allemagne, où la cherté des vivres développe singulièrement l'agitation socialiste (1), cherche en ce moment à grouper autour d'elle un certain

----

(1) Pour prouver, par un fait, que la corrélation qu'on prétend établir entre le protectionnisme et le développement du socialisme est de pure fantaisie, les protectionnistes constatent qu'en Belgique, le régime libre-échangiste n'a pas empêché le socialisme d'arriver à un état tout à fait aigu. Autre contradiction : les députés qui ont argué du danger de voir se développer le socialisme sont justement ceux qui, depuis lors, ont décidé de former un groupe radical socialiste.

nombre d'États, soit au moyen de traités, soit au moyen d'unions douanières.

« Dans le monde entier, on tend à la création du plus grand marché libre possible. Les essais d'unions douanières signifient tout simplement que chacun désire voir s'accroître son marché libre.

« La Russie, dont le vaste empire connaît tous les climats, a de plus un très grand champ d'action du côté de l'Asie. C'est la puissance européenne qui a le plus de relations avec cette immense région qui s'appelle la Chine.

« Les essais de formation de Zollverein entre les deux Amériques doivent exciter toute notre attention.

« Sans vouloir prononcer encore le mot d'isolement, nous devons nous préoccuper de ce qui se passe en Europe, car, en définitive, nos meilleurs clients, ce sont nos voisins ; c'est avec les nations européennes que nous avons le plus d'intérêt de maintenir des rapports cordiaux, profitables aussi bien au point de vue économique qu'au point de vue politique. »

Parlant dans le même sens, M. Challemel-Lacour produit cet argument qui, plus tard, sera développé avec beaucoup d'ampleur par le ministre du commerce :

« La France ne peut sans péril se passer de relations, elle en a besoin pour produire, comme elle a besoin d'air pour respirer. Ayant le privilège séculaire de faire en toutes choses ce qu'il y a de plus élégant et de plus beau, elle ne peut se livrer à cette fabrication qu'à la condition d'avoir une clientèle spéciale ; laquelle? La clientèle du monde élégant dans toutes les sociétés civilisées. »

M. Jules Simon redoute que les représailles commerciales n'entraînent des représailles politiques ; il adjure le Parlement de ne pas mettre contre nous une sorte de sentiment des populations, quand la sympathie vient de toutes parts.

Puis, cette dernière attaque est dirigée par M. Poirrier contre le système du double tarif. Pour lui, cette conception est malheureuse, elle est irréalisable, elle met notre exportation en péril, car elle ne lui donnerait aucune sécurité et ne lui assurerait aucun avantage particulier. « Comment! pourrions-nous, dit-il, exiger des autres nations, pour leur appliquer le tarif minimum, les deux conditions que nous y mettons ; savoir : les avantages corrélatifs et leur tarif le plus réduit? Ce serait évidemment injuste. Comment! à des nations qui vont se lier par traités, soit entre elles, soit avec d'autres nations, qui se concéderont, après de longues et laborieuses négociations, leurs tarifs les plus réduits, qui les consolideront pour une durée déterminée, vous auriez la prétention de dire : Voilà mon tarif minimum tel que ; il n'est pas discutable, il n'est pas susceptible de réduction, mais il est incessamment modifiable par moi, et j'entends, pour vous le concéder, que vous m'accordiez votre tarif le plus réduit, le tarif résultant de vos négociations, le tarif résultant des concessions que les autres nations vous ont faites elles-mêmes. Vous avez la prétention, en un mot, que ces nations vous assurent la stabilité de leur tarification, alors que vous leur refusez celle de la vôtre. Vous avez la prétention d'obtenir des autres leur tarif le plus réduit, alors que vous entendez ne leur proposer que votre tarif minimum où l'on trouve de nombreuses taxes fort exagérées. N'y comptez pas. La tâche de vos négociateurs est rendue impossible. »

M. Poirrier a commis ici une erreur qui, si elle est involontaire, n'en est pas moins étonnante chez un homme habitué à parler la langue des affaires. La vérité, c'est que les auteurs du double tarif n'ont jamais songé à demander aux nations étrangères autre chose que ce qu'ils offraient de leur côté. Le droit qu'ils nous réservent de dénoncer

les conventions en prévenant un an d'avance, ils
le reconnaissent également aux autres, cela va
sans dire. S'il en était autrement, il est bien certain que la France n'aurait pu conclure aucune
convention ; or, on trouvera à la fin de ce travail la
liste des nombreux pays avec lesquels nous avons
signé des conventions définitives ou des accords
provisoires. A l'heure où nous écrivons ceci, bien
peu d'Etats restent en dehors de notre sphère de
relations, et ceux-là mêmes ne sauraient songer à
des représailles sérieuses.

Du côté des protectionnistes, la défense du
double tarif n'a pas été moins vigoureuse que
l'attaque.

Devant la Chambre, M. Méline s'est attaché à
démontrer que l'établissement d'un tarif minimum
en regard du tarif maximum, était une preuve
que les partisans du relèvement des droits étaient
loin de vouloir une sorte de révolution économique, comme on les en accusait, mais enten laient
seulement réparer les fautes de 1860 par un
travail mieux établi.

« Si nous avions voulu faire une révolution,
nous aurions imité l'Amérique et la Russie qui
ont établi un régime protectionniste de toutes
pièces ; nous ne l'avons pas fait, et nous avons bien

eu raison, car je suis de ceux qui pensent que si la France ne peut être libre-échangiste, elle ne peut non plus être prohibitionniste.

« Si nous avions voulu entrer dans cette voie, croyez-vous que nous eussions reculé devant l'établissement de droits sur les matières premières, droits qui peuvent si facilement se défendre, sur lesquels l'agriculture comptait et qu'on lui avait si longtemps promis ? Croyez-vous qu'y renoncer ne nous a rien coûté ?

« Pourquoi ne l'avons-nous pas fait ? Parce que nous n'avons pas voulu, je ne dis pas compromettre, mais même gêner nos industries d'exportation. Nous avons voulu qu'elles continuassent à travailler dans les mêmes conditions qu'aujourd'hui. On nous reproche de les avoir sacrifiées ; mais c'est pour elles, c'est pour nos industries d'exportation que nous avons fait deux tarifs : un tarif minimum et un tarif maximum.

« Un tarif unique eût été beaucoup plus facile à appliquer pour nous, et je vous assure que si nous nous sommes ralliés à un tarif minimum, c'est parce que nous avons vu dans ce système la possibilité d'assurer à nos industries d'exportation le même traitement qu'à leurs concurrentes sur le marché étranger. »

A cette assertion lancée à la légère par M. Lockroy, que les deux tarifs sont tellement peu distants l'un de l'autre qu'on ne saurait glisser un traité entre les deux, M. Viger répond par des chiffres. « C'est à tort, dit-il, qu'on prétend qu'il n'y a pas assez de marge entre notre tarif général et notre tarif minimum pour établir des négociations. La marge est de 20 p. 100. Or, dans les tarifs conventionnels de tous les pays, les concessions ne roulent pas sur plus de 10 ou 15 p. 100 du tarif général au tarif conventionnel. Nos différences, loin d'être plus étroites, sont donc plus larges. »

M. Jules Roche, ministre du commerce, à son tour fait remarquer que toutes les critiques que l'on a cru pouvoir formuler contre le double tarif seraient dirigées avec bien plus de force contre le tarif unique. En effet, ou ce tarif unique est suffisamment élevé, et alors c'est l'isolement de la France, ou bien il permet la continuation des relations commerciales de la France avec les autres pays, et alors il est tellement abaissé qu'il est abaissé pour tout le monde. « Vous faites à tous les pays la même situation. De sorte que tous les inconvénients qu'on signale lorsque de différents côtés on critique le double tarif, se retrouvent à un degré plus élevé.

« Il est bien clair que nous avons tenu à ne pas laisser dans l'incertitude, dans un régime au jour le jour, les peuples à qui le tarif minimum sera concédé. Cette conception d'un état commercial qui serait modifiable sans cesse, du jour au lendemain, d'heure en heure, porterait évidemment préjudice aux intérêts mêmes de la France. Par conséquent, il faut prévoir que cette concession du tarif le plus réduit ne pourrait être modifiée qu'après un temps donné, un an par exemple. — Il faut que les affaires à une certaine date d'échéance puissent se conclure avec toute la sécurité nécessaire, et que nous ne soyons pas exposés à un état d'incertitude tel qu'il serait impossible à un négociant ou à un industriel de préparer la moindre entreprise. C'est l'esprit dans lequel le gouvernement veut appliquer les tarifs adoptés par les Chambres. »

Quant à la crainte de nous voir isoler en Europe, voici en quels termes M. Méline en fait justice :

« Il ne faut pas vous exagérer l'importance des droits que vous allez établir et vous imaginer que, parce que vous les relevez dans une certaine proportion, vous allez élever cette fameuse muraille de Chine qu'on vous reproche tant, et supprimer toutes relations avec les pays voisins.

« M. Ch. Roux, l'autre jour, parcourait le monde et se promenait dans tous les pays avec lesquels nous faisons des échanges, et dans chacun de ces pays, prenant les produits que nous allons frapper de droits, il supposait qu'immédiatement l'importation de ces produits en France serait arrêtée et que toutes les relations de la France avec ces pays seraient supprimées (1). C'est là qu'est l'erreur fondamentale de M. Ch. Roux. Notre honorable collègue suppose que le droit que nous allons établir supprimera l'importation.

« Je ne le demande pas et nous ne le demanderons pas. Ces droits ralentiront l'importation de certains produits, mais ne la supprimeront pas ; et la meilleure preuve que j'en puisse offrir à M. Roux, c'est le mouvement même du port de Marseille, qui l'intéresse si particulièrement. Je me rappelle qu'en 1884 les honorables députés marseillais nous disaient : « Si vous mettez un droit sur le blé, vous allez ruiner le port de Marseille, vous allez arrêter son mouvement d'échange. » Le malheur veut que le contraire soit arrivé, je parle, bien entendu, du malheur du raisonnement. Eh bien ! le mouvement du port de Marseille ne s'est pas

(1) Le discours de M. Ch. Roux se trouve en substance au chapitre suivant : « L'intérêt des grands ports ».

ralenti, au contraire, il s'est accru, *même en ce qui concerne les blés.* Vous voyez bien que les tarifs que nous créons n'auront pas pour résultat de supprimer le commerce de Marseille, et encore moins le commerce de la France (1).

« Je tiens à le répéter : pour ma part, je suis plein de sympathie pour le commerce dans les efforts qu'il fait pour transporter nos produits dans toutes les parties du monde, et même pour amener chez nous les produits étrangers dont nous avons besoin et que nous ne pouvons pas créer ; mais je me sépare de lui quand il a la prétention d'ouvrir nos frontières pour laisser écraser nos producteurs. »

Relevant, pour son compte, ce cliché de la muraille de Chine, M. Viger dit que si l'on veut

(1) Ajoutons que la restriction apportée par le nouveau régime à l'importation des moutons allemands abattus paraît devoir profiter dans une large mesure au port de Marseille. Une compagnie y a établi une entreprise de transports par vapeurs pour amener rapidement en France les moutons algériens et tunisiens. Détail intéressant à noter : comme les moutons africains ne donnent que pendant une partie de l'année, les armateurs ont organisé un service sur Odessa pour amener des moutons russes, et ils sont arrivés à réduire à sept jours la durée du transport, tandis que les Anglais, qui peut-être font plus d'escales, mettent dix jours.

juger sur les faits acquis et non se payer de mots plus ou moins heureux, il importe de se souvenir de ce qui s'est passé au moment où la France, mieux garantie pour ses tarifs, était par conséquent entourée de cette fameuse muraille.

« Avant 1860, avant les traités de commerce, la progression annuelle de nos exportations en produits fabriqués était de 50 millions. De 1860 à 1880, elle n'a plus été que de 20 millions ; et de 1880 à 1890, la diminution annuelle de nos exportations a continué avec une perte de 4 p. 100. Pendant ce temps, les marchés étrangers, l'Allemagne, la Russie, augmentaient de 30 pour 100. Il est donc absolument nécessaire de défendre notre marché intérieur. Qu'on le chiffre à 34 milliards comme M. le Trésor de La Roque, ou à 28, comme M. de Foville, ce marché représente, comparativement à nos 2 milliards d'exportation, une somme dix à douze fois plus considérable. Nous avons donc dix à douze fois plus d'intérêt à défendre notre marché intérieur, à le conserver, au lieu de le compromettre pour ménager quelques centaines de millions d'exportation.

... On objecte que nous risquons de nous fermer le marché anglais, où les importations sont de 9 milliards 664 millions, contre 6 milliards 252 millions d'exportation, soit une différence de 3 milliards 812 millions en faveur des importations. Mais on perd de vue que ce n'est pas pour sa consommation que l'Angleterre importe une telle quantité de marchandises, mais bien pour la réexporter au loin. Ainsi une partie importante des tissus de laine que l'Angleterre reçoit de nous est expédiée aux Indes. Le bénéfice que la marine anglaise reçoit de ce chef est très considérable. Il faut ne pas se rendre compte de la rigueur des faits, pour croire que l'Angleterre va abandonner facilement les bénéfices si importants qu'elle réalise à l'aide de son industrie des transports. Sur 24 millions de tonneaux que représente le mouvement maritime de la France en 1889, entrées et sorties, la part de l'Angleterre est de 8 millions de tonneaux, soit le tiers de notre commerce maritime. Il en est de même pour le transit de nos marchandises par la Belgique, sur le port d'Anvers notamment ; le transport, le camionnage donnent à nos voisins de ce côté plus de 300 millions de produits par an. »

Au sujet de la Belgique, M. Deschanel explique ce qu'il en est au juste de la question des droits d'auteur :

« La Belgique, en présence du relèvement de

nos tarifs, a dénoncé la convention relative à la propriété littéraire et artistique. Le monde des lettres et des arts s'est ému. Mais ce n'est là qu'un moyen de négociation ; car la Belgique ne pourrait retirer à nos auteurs la propriété de leurs œuvres sans dénoncer la convention de Berne et sans abroger sa loi du 22 mars 1886, qui garantit à nos auteurs, en Belgique, la même protection qu'aux siens.

« En fait, la Belgique nous vend pour 30 millions de plus qu'elle ne nous achète. Par conséquent, une guerre de tarifs serait désastreuse pour elle.

« De même l'Autriche-Hongrie perdrait trop à ne pas rester avec nous sur le pied de la nation la plus favorisée. En 1889, elle nous a vendu pour 124,592,210 francs, tandis que nous ne lui avons envoyé que pour 28,898,608 francs. La substitution de la taxe au poids à la taxe par tête pour le bétail est favorable au mouton hongrois qui est moins lourd et meilleur que le mouton allemand.

« Aux Etats-Unis, les récentes mesures douanières, les dispositions du bill Mac-Kinley, sont dirigées bien moins contre nous que contre l'Allemagne et l'Angleterre, surtout contre le Canada. Nos produits sont relativement moins maltraités que ceux des autres pays. Aussi avons-nous eu millefois raison de résister aux suggestions de ceux qui, soit au dehors, soit en France même, nous poussaient à entrer dans une coalition des puissances européennes contre les Etats-Unis, afin de former un blocus contre leurs produits. Quels produits américains d'ailleurs aurions-nous pu taxer ? En 1889, nous avons acheté aux Etats-Unis pour 137 millions de cotons bruts, 68,700,000 francs de céréales, 32 millions de pétrole, 11 millions de tabac, 9 millions de café ; ce ne sont pas ces produits-là que nous pourrions surtaxer. Après cela, il ne reste, sauf les graisses, que des marchandises donnant lieu à un trafic qui varie de 1 à 3 millions, comme les machines agricoles et les machines à coudre. Nous n'avons donc qu'à attendre le jour où, par le développement même de leur production, les Américains seront amenés à réduire leurs tarifs.

« Il a été fait allusion ici à des projets de fédération entre tous les Etats de l'Amérique du Nord et du Sud. Si l'idée a fait du chemin au Canada, parce que les producteurs canadiens sont très gênés par les hauts tarifs des Etats-Unis, en revanche elle rencontrera plus de résistance dans la plupart des Etats de l'Amérique du Sud, parce que ces pays nous envoient plus de matières premières ou de produits dont nous n'avons pas les similaires, que nous ne leur envoyons de produits fabriqués. Nous avons donc intérêt à resserrer nos relations commerciales avec le nouveau monde, à obtenir du Brésil le traitement le plus favorable, à fortifier, si nous le pouvons, notre traité avec le Mexique, non seulement parce que ce traité est très avantageux à nos exportations, qui augmentent à peu près de 2 millions par an, mais aussi parce que ces conventions sont pour nous une garantie contre les prétentions des Etats-Unis à l'hégémonie, et contre le projet de blocus de certains hommes d'Etat américains à l'égard du vieux monde. »

A l'égard de l'Espagne, M. Turrel constate qu'avant 1876 notre commerce d'exportation avec ce pays était de 86 millions, et comme il est resté stationnaire, alors que les importations de vins espagnols sont montées de 28 millions à 288 millions, on ne peut certes dire que nos concessions de droits ont amené pour nous un avantage.

De plus, l'Espagne ne serait nullement fondée à se plaindre au sujet des vins, car le traitement qui lui est accordé sur beaucoup d'autres points est extrêmement favorable. Elle importe chez nous pour 13 millions et quelques centaines de mille francs de plomb, exempts; pour 9 millions de laines, exempts; pour 4 millions de peaux, exempts; pour 2 millions de soies, exempts; 2 millions de tartrate de potasse, exempts; et enfin pour 14 millions de fruits de table qui ne sont surtaxés que d'une façon très légère. Voilà donc des produits fort nombreux qui ne sont pas atteints à leur entrée en France. L'intérêt de l'Espagne n'est pas de rompre avec nous (1).

A un autre point de vue, il est à remarquer que ceux des libre-échangistes qui crient le plus à l'isolement, ne craignent pas d'apporter leur pierre à la fameuse muraille de Chine, quand il s'agit de protéger les intérêts particuliers qu'ils représentent. Comme M. Deschanel l'a pu dire avec raison, les représentants des villes maritimes, ardents libre-échangistes toutes les fois qu'il s'agit

(1) Dans le nouveau tarif allemand, les vins sont taxés au plus bas à 12 fr. 30 (vins de coupage) et à 24 fr. 60. En France, les droits, pour les vins titrant moins de onze degrés, ne sont que de 1 fr. 20 au tarif maximum et descendent à 0 fr. 70 c. au tarif minimum, par degré alcoolique et par hectolitre de liquide. On voit par là ce qu'il en est au juste des doléances de l'Espagne, et à quoi se réduisent les concessions des Allemands à leurs bons amis et alliés d'Italie.

de refuser aux agriculteurs la part de protection qu'ils réclament, cessent de l'être quand il s'agit de leurs surtaxes d'entrepôt, de leurs primes de navigation et d'armement ; de ce décret, aujourd'hui encore en vigueur, qui assure à la marine française le monopole du cabotage, décret copié sur l'acte de navigation de Cromwell !

Les députés de Paris sont libre-échangistes quand il s'agit de repousser les droits sur les matières premières ; mais la chambre de commerce de Paris demande la majoration des droits considérables qui protègent les industries parisiennes. C'est ainsi qu'elle réclame un droit de 100 francs par 100 kilog. sur les machines à coudre (1). Cette même chambre déclare qu'avant 1860, l'industrie des garnitures de cardes sur cuir boutées en fil de fer ou d'acier, grâce à la protection d'un droit de 240 fr. les 100 kil., avait progressé de façon à lutter contre les produits similaires anglais. Mais, en 1860, le droit ayant été abaissé

---

(1) Les machines à coudre, qui, à l'ancien tarif, étaient taxées à 6 fr. les 100 kil., droits s'appliquant à l'ensemble de l'objet, dans le nouveau tarif, sont reprises comme suit :

Machines à coudre { bâtis et transmission 10 fr. les 100 kil. au maximum, 8 fr. au minimum ; têtes de machines 50 fr. id. 35 id.

à 50 francs les 100 kil., les cardes anglaises, grâce à la supériorité de leurs fils de fer et d'acier, ont inondé de nouveau la France. — On voit par cet exemple que les droits protecteurs ne sont pas une prime à la routine, puisque cette industrie s'était développée à l'abri d'un système presque prohibitif (1).

Les Lyonnais, libre-échangistes quand il s'agit de repousser les plaintes des sériciculteurs du midi, n'ont pas renoncé aux droits qui protègent leurs étoffes mélangées. Et ils ne peuvent dire que ces droits ne sont que la compensation de ceux que paient les fils de coton, car il y a un écart considérable entre les uns et les autres : l'écart de 32 à 300 francs par 100 kil., soit 268 francs de protection.

« M. Peytral, au nom de Marseille, a demandé un droit sur la soude caustique. Et M. Lockroy ne demande-t-il pas des droits élevés sur les couronnes funéraires, les ornements en perles, les perles et cristaux ? Il s'agit là d'une industrie fort intéressante qui permet à un très grand nombre d'ouvrières de nos grandes villes de travailler

(1) Au nouveau tarif, les droits sur ces articles sont portés, au maximum, à 200 fr., au minimum à 150 fr. les 100 kil.

à domicile. Mais un économiste de l'école de ceux
que M. Paul Leroy-Beaulieu appelait « antédi-
luviens », ne pourrait-il pas dire qu'on veut taxer
la douleur ? »

Ces curieuses observations ont été complétées
par M. Viger, qui les a étendues à des industries
notoirement prospères.

« L'industrie lainière, par exemple, jouit d'une
prospérité réelle. La consommation de la laine
en France atteint 220 millions de francs, dépas-
sant ainsi de 10 millions de kilog. la consommation anglaise. Nous avons réussi à établir en
France un véritable marché aux laines qui était
autrefois l'apanage exclusif de Londres et d'Anvers. Mais, en ce moment, est-ce que les chambres
de commerce de certains ports, qui préconisent
volontiers le libre-échange absolu, ne demandent
pas une surtaxe d'entrepôt sur les laines d'Australie et du Cap, dans le but de garantir l'industrie
des transports et leurs marchés aux laines ? —
L'industrie des cuirs et des peaux réclame la franchise pour ses matières premières ; mais elle demande
des droits compensateurs pour ses produits fabriqués. Et cette industrie, jointe à celle des laines,
représente une exportation de 800 millions. »

La vérité étant ainsi dégagée sur tant de points,

M. Jules Ferry fait de la question un large résumé dont les conclusions sont aussi nettes que vigoureuses.

De qui pouvons-nous craindre les représailles? demande-t-il tout d'abord. Pas des Etats-Unis, sans doute. On peut dire qu'elles sont faites et qu'elles ont atteint leur maximum. Pas de la Russie : ne faisons pas cette supposition qui aurait quelque chose d'inconvenant et presque d'impie à l'heure qu'il est. De l'Angleterre? mais elles sont impossibles. L'Angleterre tire du dehors une grande partie des blés qu'elle consomme et toutes ses matières premières. Elle exporte pour 13 millions 376,000 livres sterling de matières brutes, 10 millions de livres sterling de houille et de coke, et 31 millions de livres sterling de métaux, de minerais et de fonte. Pourquoi veut-on qu'elle institue des représailles? des représailles qui lui fermeraient les marchés mêmes d'où elle tire les sources de sa prospérité.

Quant aux petits pays n'ayant qu'un marché intérieur restreint, ils sont tenus d'avoir un commerce international très étendu pour placer le surplus de leur production intérieure. Ainsi la Belgique nous envoie 112,514,000 francs de houille et de coke sur lesquels les droits n'ont pas été relevés. Elle nous fournit pour plus de 20 millions de lins qui entrent en franchise ; bref, une quantité d'articles qui sont ou dans les droits très modérés du tarif conventionnel, ou exempts de toute taxe, et qui ne se montent pas à moins de 270 millions de francs. Certes, dans cette situation, un pays intelligent, laborieux, un pays aux prises avec les difficultés ouvrières que l'on connaît, ne saurait songer à entamer avec la France une guerre de représailles.

Avec l'Allemagne nous avons l'article 11 du traité de Francfort, qui nous assure le régime de la nation la plus favorisée.

Du côté de l'Italie, la promulgation des nouveaux tarifs amènera une reprise probable de relations. Il n'est pas impossible que même au droit du tarif général de nos vins, l'Italie qui vient, dit-on, de traiter avec l'Allemagne sur le pied de 12 francs, ne puisse dans des conditions presque analogues introduire ses vins chez nous (1).

(1) En effet, au Parlement italien, la discussion des traités récemment conclus avec l'Allemagne a été particulièrement marquée par la grande insistance de plusieurs orateurs à nier les avantages que doit retirer, suivant les Allemands et les Autrichiens, la viticulture italienne de l'ouverture de nouveaux marchés. Pour ces orateurs, interprètes

Enfin, il reste l'Espagne. Nul n'ignore, cela ne se discute pas, que pendant de longues années, sous prétexte de vins d'Espagne, ce sont des alcools allemands qui sont entrés en France sans payer les droits; on sait qu'il a été porté au Trésor français de ce chef un préjudice qu'on peut évaluer à 80 ou 90 millions; qu'il a été causé en même temps à la viticulture espagnole un véritable et grand dommage, car là où l'intermédiaire trouve son bénéfice à falsifier, le producteur du vin naturel dont on falsifie les produits trouve bientôt son châtiment dans la dépréciation des produits. C'est donc au grand dam du Trésor français, c'est au grand dam de la viticulture espagnole que ce commerce frauduleux a si longtemps duré.

« Au lieu de crier partout que l'on est égorgé, au lieu de prêter le serment d'Annibal contre les marchandises françaises, dans je ne sais quel conciliabule de Barcelone, ne vaudrait-il pas mieux reconnaître la vérité, et s'engager dans une autre voie, une voie qui n'est pas nouvelle pour le gouvernement espagnol? Car, en 1888, très

autorisés de l'opinion des producteurs, il n'y a pour l'Italie qu'un marché sérieux, et ce marché c'est la France. Cet aveu fait en de pareilles circonstances est précieux à recueillir.

frappé des observations qui lui étaient faites par notre diplomatie soudainement réveillée, le gouvernement espagnol avait présenté aux Chambres espagnoles et fait voter un projet de loi qui relevait à 75 francs le droit sur les alcools étrangers. — Mais cette preuve de bonne volonté n'a pas duré ; la loi a été rapportée ou abandonnée, sans doute par l'influence de ceux qui profitaient si largement de l'ancien état de choses, et parmi lesquels il se trouvait malheureusement un certain nombre de maisons françaises. Eh bien ! l'Espagne réfléchira, elle écoutera les conseils d'hommes éminents et de sang-froid, qui déjà indiquent à ses producteurs un ingénieux système de mélange et de coupage, et leur démontrent que ce système est facile et lucratif à employer avec les nouveaux tarifs. »

Après avoir ainsi fait toucher du doigt les réalités de la situation, l'orateur montre combien il est illusoire et dangereux de croire qu'en sacrifiant nos intérêts commerciaux et économiques à nos voisins, nous nous assurerions au moins leurs sympathies politiques. Les deux exemples qu'il prend dans notre propre histoire sont d'autant plus frappants qu'ils datent d'hier et d'aujourd'hui.

« M. Jules Simon disait l'autre jour : « Prenez

garde, les sympathies politiques vont du côté des intérêts. C'est pour n'avoir pas su se concilier de sympathies en Europe que le gouvernement français a été l'objet, en 1870, d'un si universel et si lamentable abandon. »

« Il y a deux exemples qui répondent à cette affirmation tout oratoire, que les sympathies politiques vont du côté des arrangements commerciaux. L'un date de trente ans, c'est le traité de 1860. En préparant ce traité, le gouvernement impérial a pensé faire cesser l'isolement dans lequel la France se trouvait depuis la paix de Villafranca. Où cette idée a-t-elle conduit celui qui, pour capter la bienveillance de l'Angleterre (pour le plus grand avantage de laquelle il avait déjà fait la guerre de Crimée), consentit à bouleverser d'une manière si profonde les intérêts de son pays et à s'aliéner définitivement les intérêts conservateurs sur lesquels il s'était appuyé pour s'emparer du pouvoir? On l'a bien vu dix ans plus tard, quand l'Angleterre, sous prétexte de circonscrire la lutte où nous étions engagés contre l'Allemagne victorieuse, a provoqué cette fameuse ligue de neutralité, sorte de dernière ironie du destin qui vint s'ajouter à tant d'autres épreuves au plus fort de nos malheurs.

« Le second exemple est tout près de nous. Est-ce que nous n'avions pas avec l'Italie un traité très honnêtement pratiqué des deux parts, un trai é qui devait aussi, dans la pensée de ceux qui l'avaient si soigneusement étudié, maintenir des liens moraux, des liens politiques entre ces deux peuples de race latine que la nature avait faits pour s'aimer et s'entendre, et non pour se soupçonner et se haïr ?

« Eh bien ! est-ce que notre traité avec l'Italie l'a empêchée d'accéder en 1882 à la triple alliance, de la renouveler quelques années après, dans des conditions beaucoup plus offensives pour notre avenir et notre indépendance, et de signer tout récemment un second renouvellement de cette triple alliance ?

« Oh ! messieurs, chassons de nos esprits ces vaines et funestes illusions ; ne croyons pas que nous ramènerons à nous les sympathies du monde en sacrifiant nos intérêts. Non, soyons forts ; pour être forts, soyons producteurs ; soyons riches en industrie. Messieurs, on n'est jamais isolé politiquement dans le monde quand on est fort ; on n'est jamais isolé économiquement quand on est riche. »

L'INTÉRÊT DES GRANDS PORTS. EFFETS DE LA RUP-
TURE DE NOS TRAITÉS DE NAVIGATION. L'OPI-
NION DU GOUVERNEMENT. LIMITES DE NOTRE
MARCHÉ INTÉRIEUR. NÉCESSITÉ DE NOUS CON-
SERVER UN MARCHÉ EXTÉRIEUR.

Dans la question douanière, l'intérêt des grands
ports est analogue à celui des compagnies de
transport. Pour eux comme pour elles, l'important n'est pas que les objets transportés soient
français, mais c'est que, français ou étrangers,
ils soient le plus nombreux possible. Partant,
toute mesure pouvant avoir pour résultat de res-
treindre le mouvement des échanges est d'avance
répudiée par eux. Il n'y a donc pas à s'étonner
si les représentants des régions maritimes ont été
en cette circonstance les plus ardents adversaires
du relèvement de nos tarifs, malgré toutes les
dispositions prises en faveur des pêcheurs.

Parmi les plus écoutés de ces représentants,
nous citerons surtout M. Ch. Roux, de Marseille.
Le discours où il a passé en revue, comme dans

un voyage au long cours, les pays avec lesquels
nos relations, selon lui, risquaient d'être compro-
mises, mérite qu'on s'y attache tout particulièrement. En suivant d'assez près M. Roux dans son
parcours, nous pourrons en même temps noter
au passage les satisfactions données par le Parlement à ses nombreuses revendications.

Commençant par l'Italie, M. Roux fait connaître les conséquences qu'entraînent pour notre
marine marchande la rupture de nos relations
commerciales avec ce pays.

« Antérieurement à la rupture de nos rapports
commerciaux et surtout de notre traité de navigation avec l'Italie, pour entrer dans un de ses
ports, à Gênes, par exemple, nous payions 4 fr.
par tonne de jauge et par an ; actuellement nous
payons 2 fr. par tonne de jauge et par mois. Nous
ne pouvons plus y faire la navigation d'escale,
nous ne pouvons plus toucher que dans un seul
port, et il en résulte pour nous des difficultés fort
grandes, notamment une surcharge de frais considérable : car pour fréquenter un seul port nous
sommes obligés de dépenser dix fois ce que nous
dépensions jadis. Le tout se traduit, pour une
seule compagnie qui a son siège à Marseille, par
une perte de 60,000 tonnes et de 13,000 passagers.

... En Grèce, le seul aliment de fret que nous puissions trouver, ce sont les raisins secs. Or, vous les frappez d'un droit de 30 francs au tarif maximum et d'un droit de 20 francs au tarif minimum (1). Ce sont là des droits prohibitifs, tellement prohibitifs qu'il a suffi de la loi votée l'année dernière pour faire baisser de 60 p. 100 le mouvement commercial entre la Grèce et la France. Avant la loi de 1890, nous importions 57,848,000 tonnes de raisins secs ; depuis, nous n'en avons plus importé que 26,508,000 tonnes (2).

... En Roumanie. Dans ce pays, les principaux articles sont : les maïs, les bois, les merrains, les

(1) En réalité, les droits ont été fixés à 25 fr. et à 15 fr, et d'autre part, le droit de fabrication sur les vins de raisins secs a été réduit. Aussi la Grèce, loin de rompre ses relations avec nous, a demandé et obtenu l'application de notre tarif minimum, en échange duquel elle nous accorde le régime de la nation la plus favorisée.

(2) Ces quantités *par tonnes*, telles que les donne le compte rendu officiel de la séance de la Chambre du 5 mai 1891, sont manifestement erronées. Même en les réduisant en kilogrammes, elles le seraient encore. Voici les chiffres exacts : En 1889, il a été importé 52,701,696 kilog. de raisins provenant de la Grèce ; en 1890, il en a été importé 69,553,745 kilog. ; et 47,312,903 kilog. en 1891.

Si, pour cette dernière année, on tient compte du stock introduit en 1890 avant l'élévation des droits, on voit que, loin de diminuer, les importations ont continué de progresser.

légumes secs et les graines oléagineuses. — Le
maïs est frappé d'un droit de 3 fr. ; il vaut
18 fr., plus ces 3 fr., soit 21 fr. Dans ces conditions, inutile de dire que nous ne pouvons plus
en importer un sac en France. — A ce propos,
un exemple récent mérite d'être cité. Un de nos
principaux armateurs me déclarait, il y a trois
jours, tout en m'exprimant ses regrets, qu'il lui
était matériellement impossible de continuer le
service du Danube en gardant Marseille comme
port d'attache, et qu'il était obligé d'aller à Anvers,
par l'excellente raison qu'il trouverait du fret de
retour pour Anvers, et qu'il n'en trouvait plus
un tonneau pour Marseille, ni pour Bayonne,
Bordeaux, ni pour aucun des ports qui recevaient
autrefois des maïs des provinces du Danube.

... En Turquie, à Salonique et à Constantinople,
nous retrouvons également les graines oléagineuses
taxées à 2 fr. ou 1 fr. 50 (1) ; les légumes secs
et le millet à 3 fr., les œufs à 10 fr. ou à 6 fr.
de même que les volailles mortes, enfin les volailles vivantes soumises à un droit de 20 fr. —
Il semblerait d'après cela que, pour les œufs, nos

(1) Les graines oléagineuses ont été exemptées de tous
droits.

importations doivent être supérieures à nos exportations. C'est une erreur absolue ; nous importons seulement pour 9 millions de francs d'œufs, et nous en exportons pour 27 millions, c'est-à-dire trois fois plus. On se demande vraiment quel bénéfice l'agriculture peut retirer de cette prohibition.

... Sur les côte de l'Asie-Mineure et de la Syrie, tous les fruits secs sont frappés, y compris la pistache, que nous ne produisons pas. Les oranges, les citrons sont taxés de 8 à 5 fr. ; les mandarines, les chinois, de 15 à 10 ; jusqu'aux caroubes, de 2 fr. à 1 fr. 50, et cela pour protéger l'Algérie. — Quant à l'Egypte, où nous devrions essayer de conserver le peu d'influence qui nous reste encore, voyez dans quelle situation nous allons nous trouver à son égard. Vous avez déjà frappé les mélasses d'un droit de 2 fr. 50 par 100 kilog. ; cela ne suffit pas à la commission ; elle augmente le droit de 50 centimes et le porte à 3 francs (1). Les graines de coton, base du modeste commerce que nous faisons encore avec l'Egypte, sont frappées de 75 centimes par 100 kilog. (2). C'est

(1) Le droit a été fixé à 0,05 par degré de richesse saccharine absolue.

(2) Comme toutes les graines oléagineuses, les graines de coton ont été exemptées de tous droits.

un droit modéré, me dira-t-on. Oui, si nous étions seuls en Egypte ; mais nous y sommes en concurrence avec les Anglais, qui déjà en enlèvent la plus grande partie, et nous avons toutes les peines du monde à en dérober quelques faibles quantités à leur avidité. Il est donc certain que désormais toute la graine de coton ira en Angleterre. Mélasses, graines de coton, légumes secs, nous ne pouvons plus rien prendre en Egypte.

... Au Maroc, nous rencontrons les divers produits déjà cités ; mais il en est un autre qui appelle tout particulièrement l'attention, parce qu'avec les laines, il constitue le véritable commerce du Maroc : ce sont les légumes secs, que la commission a frappés d'un droit de 3 fr. par 100 kilog. — Le commerce de cette denrée porte sur 28,695,000 kilog., ce qui donne 860,850 fr. de droits. Le peu de modération de ce droit va surtout se faire sentir à nos ouvriers du midi, à nos ouvriers des ports. Le commerce des légumes secs donne un travail considérable à des ouvriers qui ne peuvent se livrer à une autre occupation : ils ont à enlever la poussière, à éplucher les légumes qui, en outre, leur fournissent une nourriture à bon marché et absolument indispensable à leur existence. Ces ouvriers, vous les avez frappés dans le riz, vous les frappez dans les légumes secs, vous les frappez dans leur travail : vous ne pouvez pas appeler cela de la justice distributive et de la modération (1).

... Sur la côte d'Afrique, nous n'allons pas seulement dans nos colonies françaises ; notre service touche à toutes les factoreries anglaises et y apporte nos marchandises ; seulement nous sommes bien obligés de trouver quelque chose en retour. Or les marchandises de retour qu'on trouve dans les factoreries anglaises consistent en graines de palmiste, et vous les frappez d'une façon d'autant plus injuste qu'elles ne peuvent en aucune façon faire concurrence au colza, aux œillettes, au lin, parce que les huiles de ces graines sont des huiles concrètes qui ne peuvent absolument servir ni à la nourriture ni à l'éclairage, qu'elles s'emploient exclusivement dans la stéarinerie et la savonnerie où elles rendent des services qu'aucune huile nationale ne peut rendre. De plus, elles fournissent à l'agriculture des tourteaux qui servent à alimenter le bétail et à engraisser les terres. On ne comprend donc pas l'intérêt que vous pouvez avoir au point de vue agricole, à frapper les graines

(1) Parmi les légumes secs, les pois, qui entrent pour la plus grosse part dans la consommation, ont été exemptés.

de palmiste, à nous enlever les éléments de notre fret sur la côte occidentale de l'Afrique (1).

... Pour les Indes, c'est un peu comme pour l'Egypte : nous avons intérêt à y conserver une part d'influence. Nos comptoirs des Indes, par exemple, ne produisent rien. C'est pour cela que nous achetons où nous le pouvons les marchandises utiles à notre commerce, pour les envoyer en France ; c'est pour cela qu'à l'article de douanes vous voyez figurer cette importation colossale de 63,578,363 kilog. de fruits oléagineux, comme provenant des Indes françaises, mais qui, en réalité, n'en viennent pas, car notre comptoir de Pondichéry, comme tous nos autres comptoirs des Indes, n'est qu'un comptoir de transit. Et si vous frappez toutes ces graines, vous nous mettez, nous autres négociants, dans l'impossibilité matérielle de lutter avec les Anglais qui sont nos concurrents. Dès lors que ferons-nous dans les Indes ? Quelle raison aurons-nous d'y maintenir nos comptoirs ? Il vaudrait mieux les liquider, ou du moins n'y envoyer aucun navire, à moins d'avoir la prétention de lutter avec la marine anglaise, ce qui me parait fort difficile (2). »

(1) Les graines de palmiste ont été exemptées.
(2) Toutes les graines oléagineuses ont été exemptées.

Tant s'en faut que les assertions pessimistes de l'orateur marseillais prévoyant la rupture inévitable de nos relations extérieures, la ruine de notre marine et de nos ports marchands, soient en voie de se réaliser. Déjà, par les notes rectificatives dont nous avons fait suivre la plupart de ses indications relatives aux nouveaux tarifs, on a vu que les Chambres, loin d'aggraver les droits existants sur les produits dont Marseille et Bordeaux sont les principaux lieux d'arrivage, avaient remplacé ces droits par une franchise complète. Un député du Nord, M. des Rotours, répondant à M. Raynal, oppose ces renseignements à ceux que les libre-échangistes produisent sous le couvert de l'intérêt de notre marine :

« Le parti protectionniste, loin de vouloir sacrifier la marine, en a toujours été le défenseur ; mais c'est bien à tort qu'on oppose l'intérêt de la marine à celui de l'agriculture. Lorsque, il y a quelques jours, M. Raynal affirmait qu'en demandant des droits sur les graines oléagineuses, nous allions porter un préjudice considérable au pavillon français, il se trompait absolument. Il nous disait que le pavillon français transportait 550,000 tonnes de graines oléagineuses. Je me suis reporté aux états de douanes, et j'y ai constaté que sur

500,000 tonnes de graines oléagineuses importées en France en 1889, 80,000 seulement ont été transportées sous le pavillon français. Vous voyez que les orateurs les plus considérables des grands ports présentent comme étant l'intérêt de notre marine ce qui, en réalité, est l'intérêt de la marine étrangère. »

Et M. des Rotours ajoute :

« J'ai eu la curiosité de rechercher combien nous avons de marins en France : nous en avons 90,000, dont 56,000 se livrant à la pêche. Ceux-là n'ont pas à se plaindre que la Commission des douanes leur soit indifférente. Nous relevons les droits proposés sur le poisson, nous les portons à un chiffre supérieur à celui du gouvernement. Tout ce qui peut être fait pour eux, nous le faisons. — Puis nous avons 7,566 marins employés au cabotage. Vous ne vous plaindrez pas du régime qui leur est fait : ils ont le monopole pour le transport de port français à port français. — Quant à la marine au long cours, elle a les primes à la navigation qui coûtent annuellement 11 millions au Trésor. Les navires qui font le transport dans les mers d'Europe avaient autrefois la surtaxe de pavillon. Qui l'a supprimée, cette surtaxe ? Ce n'est pas nous ; ce sont les adversaires de nos doctrines, par la loi de 1866. »

En effet, cette surtaxe consistait dans un droit supplémentaire mis sur les marchandises importées autrement que par navires français. Elle s'établissait en ajoutant au droit d'entrée principal, un dixième sur les premiers 50 francs, et un vingtième sur le surplus jusques et compris 300 francs. Nos grands ports en ont poursuivi et obtenu la suppression, en alléguant qu'elle favorisait à leurs dépens le mouvement des ports étrangers voisins, soit Anvers par rapport au Havre et à Dunkerque, Gênes par rapport à Marseille.

Ce dernier détail achevant de caractériser la lutte engagée sur le terrain de nos intérêts nationaux, il ne nous reste plus qu'à reproduire dans ce qu'elles ont d'essentiel les déclarations faites, au nom du gouvernement, par M. Jules Roche, ministre du commerce.

Avec une rare habileté et une grande souplesse d'esprit, M. Jules Roche a su discerner du premier coup d'œil la position où il pouvait remplir avec plus d'avantage son rôle difficile. — Tout en reconnaissant l'importance capitale de notre marché intérieur, il s'est attaché à établir qu'il y a nécessité absolue pour nous de sauvegarder notre exportation comme une des forces essentielles, indispensables de notre pays, et qu'ainsi le sort de l'un était étroitement lié à la fortune de l'autre.

Dans sa conviction, nous ne pouvons pas dire : restons chez nous, suffisons-nous à nous-mêmes, parce que ce que nous vendons à l'étranger, nous ne pouvons pas le consommer nous-mêmes. Et nous ne pouvons trouver en France des consommateurs qui remplacent les consommateurs étrangers, pour deux raisons : d'une part, parce que la puissance et l'étendue du marché intérieur sont limitées, et, d'autre part, parce que les objets mêmes que nous vendons aux étrangers sont d'une nature et d'une valeur différentes de ceux que nous consommons nous-mêmes. Le rapprochement des faits, la comparaison des différents objets de notre importation et de notre exportation suffit pour faire apparaître avec une singulière clarté cette différence essentielle.

« Elle ressort, dit-il, d'un premier chiffre qui est saisissant : c'est la différence de valeur des objets qui portent le même nom, qui sont inscrits sous la même rubrique, avec la même étiquette, dans nos tableaux de douane à l'importation et à l'exportation, et qui sont si différents. Cette différence éclate dans un seul chiffre qui est celui-ci : le poids total des importations en France, en 1890,

représente 22 millions de tonnes d'une valeur de
4,436 millions, tandis que le tonnage des marchandises exportées est seulement de 6 millions 700,000
tonnes, représentées par une valeur de 3,753 millions (1). Quelle conclusion doit-on tirer de là ?
C'est que, sous ce même nom, vous avez des objets
d'une valeur moyenne, dans le cas de l'importation, de 199 fr. ; dans le cas de l'exportation, de
557 fr. : c'est-à-dire qu'ils sont tout à fait différents, et, en d'autres termes, que les produits que
nous exportons ont à peu près trois fois plus de
valeur sous le même poids que les produits que
nous importons.

« Si vous prenez ces objets les uns après les
autres, vous trouvez, par exemple, les vêtements
confectionnés, pièces de lingerie cousues, etc. A
l'importation, quelle est leur valeur moyenne ?

(1) Et voilà bien aussi pourquoi nous donnons si peu de
fret à notre marine marchande. La presque totalité de nos
exportations porte sur des objets dont la valeur réelle ne se
mesure ni au poids ni au volume ; nous n'avons pour ainsi
dire pas de marchandises d'encombrement. Tandis que
l'Angleterre, par exemple, rien que par ses charbons, est
toujours à même de donner pleine charge à ses navires.

A ce manque de fret à l'exportation, le libre-échange
lui-même ne saurait rien faire. M. Jules Roche aurait pu
le faire observer aux représentants des ports.

Vous avez, pour une certaine catégorie, 54 fr., et pour une autre, 144 fr., c'est-à-dire que ce sont des objets tout à fait différents. Et, d'autre part, si vous voulez comparer les vins d'importation et ceux d'exportation, vous constaterez que les vins, au tableau de l'importation, sont retenus pour une valeur moyenne de 35 fr. l'hectolitre, et à l'exportation, pour une valeur moyenne de 140 à 225 fr. l'hectolitre : ce sont donc des vins d'une nature tout à fait différente. Cela revient à dire que vous ne pouvez pas songer à remplacer le consommateur étranger, en pareil cas, par le consommateur national (1).

Pour beaucoup d'articles, ce n'est pas seulement

(1) C'est le développement de l'idée de M. Challemel-Lacour que, « la France faisant en toutes choses ce qu'il y a de plus élégant, de plus beau, et, par conséquent, de plus cher, a besoin de la clientèle des classes riches de tous les pays civilisés ». — Mais alors n'est-on pas fondé à dire que ces produits de choix ou d'essence particulière, en raison même de ce qu'ils sont sans équivalent et qu'ils s'adressent à la clientèle la plus riche, sont ceux qui ont le moins à craindre l'élévation des tarifs des autres pays ? Si M. Jules Roche ne l'a pas dit, pour ne pas affaiblir l'effet de son argumentation, les étrangers, eux, l'ont bien compris. Cette vérité a notamment été reconnue en Allemagne même, au sein du Reichsrath autrichien, lors de la discussion du traité austro-prussien.

la nature des objets, mais c'est aussi leur quantité qui n'est plus comparable, et alors, en ce qui les concerne, c'est la faculté d'absorption qui va nous faire défaut. Prenez les peaux, la bimbeloterie, les tissus, les confections, et additionnez les chiffres que donnent les tableaux, vous vous trouverez en présence d'une importation de 228 millions, ce qui donne en définitive une exportation nette de 1,036 millions. Croyez-vous qu'il soit possible d'écouler en France, sur le marché intérieur, ce marché dont vous connaissez les limites, une telle quantité d'objets de valeur, à supposer même, contrairement à ce que je viens d'établir devant vous, que ces objets ne fussent pas de nature différente ?

« Notre marché national, vous le savez, est stationnaire. Il ne l'est pas dans le sens de la richesse ; mais malheureusement notre richesse croit plus rapidement que notre nombre. Notre population, dans les dix dernières années, a augmenté seulement de 728,000 habitants, soit 1.95 p. 1,000 par an — pas même 2 habitants pour 1,000 ; — alors que l'Allemagne a augmenté de 9.25 p. 1,000 ; la Russie, de 12, et les Etats-Unis de 22 ! — Et si vous prenez l'année 1890, vous voyez que, bien loin de conserver cette faible proportion d'augmentation de 2 p. 1,000 par an, la France a perdu 38,000 habitants, c'est-à-dire 1 p. 1,000, et que, si nous continuons dans les années qui vont venir comme en 1890, nous allons perdre la faible marche ascendante que les statistiques ont constatée pendant les dix dernières années, et que nous allons au contraire voir notre population diminuer d'année en année.

« Eh bien! comprenez-vous qu'un peuple producteur, industriel, agricole, créant des richesses, qui voit sa population stationnaire, ne peut pas se contenter de son marché intérieur, qu'il a un besoin impérieux d'un marché extérieur, de débouchés, et que, lorsque nous préparons notre régime économique, nous devons sans cesse avoir présente à l'esprit cette obligation où nous nous trouvons, de ne rien faire qui puisse fermer les frontières devant l'activité industrielle et commerciale de notre pays, mais de préparer, au contraire, dans toute la mesure où nous le pouvons, des conditions meilleures pour activer, conserver et fortifier l'exportation à laquelle nous nous livrons? Or, si nous fermions nos frontières à tout ce que nous achetons, cela nous conduirait à fermer les frontières des autres à tout ce que nous vendons. »

La conclusion du ministre a été qu'il fallait

protéger notre industrie' d'exportation par les moyens appropriés à sa nature même, notamment en lui assurant la liberté de ses approvisionnements de matières premières. Or, comme nous l'avons vu déjà, ces conseils ont été suivis. Non seulement le Parlement a voté l'exemption sur les matières premières , mais il a aussi admis la franchise pour les graines oléagineuses de toute nature, bien que notre sol produise le colza, dont la culture, autrefois des plus florissantes, est aujourd'hui presque abandonnée faute de protection suffisante. De même, il a admis que les droits sur le pétrole ne seraient maintenus que jusqu'au 1er octobre 1892.

La conciliation s'est faite aussi par d'autres moyens : elle s'est faite par l'emploi des primes, par l'admission temporaire, par le remboursement partiel de certains droits, etc. Pour indiquer ici tous les points sur lesquels elle a porté, il nous faudrait sortir du cadre que nous nous sommes tracé et qui se limite à l'exposé des principes d'où sont résultées les solutions.

Disons seulement que la discussion des articles a été à la hauteur de la discussion générale, et qu'elle fait le plus grand honneur à tous ceux qui y ont pris part, y compris les commissaires du gouver-

nement auxiliaires des ministres, notamment
M. Pallain, directeur général des Douanes, et
M. Dislère, directeur au ministère du Commerce.

A l'égard du premier de ces éminents fonction-
naires, nous aurions pu donner une idée de la
somme énorme de travail que, sous son impulsion,
l'Administration qu'il dirige a fournie pendant ces
longs débats. C'est sur son désir explicite que nous
nous en abstenons. M. Pallain estime que, si l'Administration devait faire le possible et l'impossible
pour munir le Parlement des renseignements les
plus exacts et les plus complets, elle doit se garder
de sortir, si peu que ce soit, de son rôle d'agent
d'exécution, et, pour cela, ne participer à aucune
publication particulière pouvant paraître avoir un
caractère doctrinal. C'est, en effet, en se confinant
étroitement dans sa mission qu'elle est assurée de
voir grandir l'autorité attachée à ses relevés,
aujourd'hui qu'il s'agit de coordonner et d'ap-
précier les résultats du régime inauguré le 1er février 1892.

Le temps écoulé depuis lors n'est pas suffisant
pour permettre de porter un jugement d'ensemble
sur ces résultats. Toutefois, au sujet de certaines
prédictions dont l'opinion publique s'était fortement émue, on peut dire que l'épreuve est déjà

concluante. — Ne devait-on pas voir renchérir toutes les denrées alimentaires? N'avait-on pas chiffré par millions et milliards l'écrasant accroissement de charges que l'élévation du prix du pain, de la viande, du vin, etc., devait faire peser sur les malheureux consommateurs? N'était-on pas allé jusqu'à vouloir nous apitoyer sur le sort des importateurs et débitants de bières allemandes? Le mouton d'outre-Rhin ne devait-il pas devenir si cher que les riches seuls, désormais, pourraient se donner le luxe d'un gigot sur leur table?

A la faveur de ces bruits trop complaisamment propagés par la presse, la spéculation a bien essayé d'exploiter la situation ; mais la fiction n'a pu tenir devant la réalité des choses: les marchés n'ont pas cessé d'être approvisionnés aussi abondamment, et même plus sainement que par le passé; les cafetiers tudesques, voyant leur clientèle s'éclaircir, se sont hâtés d'effacer pendant la nuit les augmentations qu'ils avaient cru pouvoir afficher au grand jour.

Il en est de même pour l'isolement économique et politique auquel il semblait que la France s'était condamnée, pour avoir repris sa liberté commerciale. — Nous devions terminer ce travail par l'indication des pays qui, pour s'assurer le bénéfice de notre tarif minimum, nous accordent le régime de la nation la plus favorisée; mais, en réalité, tout s'est passé de telle façon qu'en ce moment, des diverses nations précédemment liées à nous par des traités de commerce, il ne reste plus que la Suisse et l'Espagne avec qui nous ayons encore à négocier. Du côté de la Suisse, une entente provisoire s'est faite, et l'entente définitive ne paraît pas douteuse. Quant à l'Espagne, il faut se rappeler qu'elle croyait trouver dans ses taxes douanières, surélevées d'une manière exorbitante, le moyen de rétablir l'équilibre de son budget. Ses mécomptes à cet égard sont complets, paraît-il. En même temps, elle reconnaît que, pour l'écoulement de ses vins, l'Allemagne buveuse de bière ne saurait, tant s'en faut, remplacer notre pays, et déjà l'on annonce que 2,500 viticulteurs de la Navarre ont adressé à Madrid une pétition demandant le rétablissement des relations commerciales avec la France. Laissons-la donc venir ; laissons venir son gouvernement, plus porté qu'elle vers l'Allemagne ; ayons le juste sentiment de la valeur de notre amitié, et tenons pour assuré que, moins nous en serons prodigues, plus les autres s'efforceront de l'obtenir et de la conserver. — C'est seulement du jour où nous avons laissé ses produits languir à nos portes, que l'Italie a commencé à entrevoir que la triple alliance pourrait bien n'être pour elle qu'une triple sottise.

En attendant les résultats qui doivent être l'effet du temps, voici qu'un avantage immédiat, un dégrèvement important nous est acquis sur un autre terrain, grâce à la plus-value des recettes sur les importations. Nous voulons parler de la suppression de l'impôt de 10 % établi, par la loi du 16 septembre 1871, sur les transports en grande vitesse. Sous le bénéfice de cette suppression, les Compagnies de chemins de fer ont ramené leurs tarifs des voyageurs et des marchandises à de tels prix, qu'il n'y a plus maintenant de pays où les transports s'effectuent à meilleur marché que chez nous. Adversaires et partisans des nouveaux droits de douane, c'est donc à ces droits que tous doivent cette sérieuse obligation (1). Espérons qu'une loyale expérience les amènera à s'entendre sur beaucoup

---

(1) Certains journaux essaient vainement de le contester, c'est uniquement sur ces plus-values qu'a été basée la suppression d'impôt proposée par le gouvernement. *Et si les recettes douanières diminuaient au lieu d'augmenter, les plus-values se retrouveraient sur certaines taxes intérieures, preuve évidente du profit tiré par nos industries des mesures prises pour les protéger. Ainsi, au mois d'avril dernier, pour une diminution de 1,161,000 francs sur les*

d'autres points, notamment sur ceux qui, dans l'intérêt national, seraient reconnus susceptibles de modifications plus ou moins importantes.

douanes, on constate une augmentation de 3,393,000 fr. sur les sucres, et d'un million sur les monopoles des contributions indirectes !

TABLE DES MATIÈRES

POITIERS. — TYPOGRAPHIE OUDIN ET Cⁱᵉ.

DIX-SEPTIÈME SIÈCLE, études littéraires et dramatiques, par Émile FAGUET. Un fort volume in-18 jésus, 9e édition, broché.   3 50

Ouvrage honoré d'une souscription du Ministère de l'Instruction publique pour les Bibliothèques scolaires et populaires.

DIX-HUITIÈME SIÈCLE, études littéraires, par Émile FAGUET. Un très fort volume in-18 jésus de 500 pages, broché, 9e édit.   3 50

DIX-NEUVIÈME SIÈCLE, études littéraires, par Émile FAGUET. Un fort volume in-18 jésus, 9e édition, broché.   3 50

Cet ouvrage a été couronné par l'Académie française (Prix Montyon, 1887).

POLITIQUES ET MORALISTES DU DIX-NEUVIÈME SIÈCLE, par Émile FAGUET, première série. Un fort volume in-18 jésus, 4e édition, broché.   3 50

NOTES SUR LE THÉÂTRE CONTEMPORAIN, par Émile FAGUET, 1re série : 1888. Un vol. in-18 jésus. 3 50. — 2e série : 1889. Un vol in-18 jésus, broché. 3 50. — 3e série : 1890. Un vol. in-18 jésus, broché.   3 50

VICTOR HUGO, L'HOMME ET LE POÈTE. —
Les quatre âges, les quatre cultes, les quatre
inspirations, par Ernest DUPUY. Un volume
in-18 jésus, nouvelle édit., broché.   3 50

**LES GRANDS MAITRES DE LA LITTÉRA-
TURE RUSSE AU XIXᵉ SIÈCLE,** par Er-
nest DUPUY. — Gogol, Tourguénef, Tolstoï.
Un vol. in-18 jésus, 2ᵉ édit., broché.   3 50

SHAKESPEARE ET LES TRAGIQUES GRECS,
par P. STAPFER. — Antigone, Roméo et Ju-
liette, Œdipe, le roi Lear, les Euménides,
Spectres, Sorcières et Démons, Macbeth,
Hamlet, Oreste. Un vol. in-18 jésus.   3 50

Ouvrage couronné par l'Académie française.

MADAME DE SÉVIGNÉ, par R. VALLERY-
RADOT. — La jeunesse de Mᵐᵉ de Sévigné,
les amis de Mᵐᵉ de Sévigné, Mᵐᵉ de Sévigné
mère, belle-mère et grand'mère, publication de ses lettres. Un joli volume in-18
jésus.   3 50

Ouvrage couronné par l'Académie française.

ESQUISSES ET IMPRESSIONS, par PAUL DESJARDINS. Promenades, à l'Académie, au seuil de la Politique, Adieux, Littérature, Art, Rêverie et Sentiment. Un beau volume in-18 jésus, broché.　　3 50

ARISTOPHANE ET L'ANCIENNE COMÉDIE ATTIQUE, par A. COUAT, recteur à l'Académie de Lille. Le Gouvernement, La Religion, l'Éducation, Les Mœurs. Un volume in-18 jésus, 2e édition, broché.　　3 50

Ouvrage couronné par l'Académie française.

PORTRAITS DE CIRE, par HUGUES LE ROUX. Jules Lemaitre, Guy de Maupassant, Jean Richepin, Melchior de Vogué, Puvis de Chavannes, La Reine Nathalie, La belle Fatma, Yvette Guilbert, etc. Un beau vol. in-18 jésus, imprimé sur papier teinté, broché.　　3 50

Il a été tiré 40 exemplaires de cet ouvrage sur papier vergé, l'exemplaire　　7 »

L'ENQUÊTE ALGÉRIENNE, par Charles BENOIST. Un beau volume in-18 jésus, broché.　　3 50

LA LITTÉRATURE FRANÇAISE SOUS LA RÉVOLUTION, L'EMPIRE ET LA RESTAURATION, 1789-1830, par MAURICE ALBERT, agrégé et docteur ès lettres. Mirabeau, Camille Desmoulins, Mme Roland, André Chénier, Chateaubriand, Mme de Staël, Classiques et romantiques, Lamartine, Victor Hugo, A. de Vigny, Augustin Thierry, Thiers, Casimir Delavigne, A. Dumas, A. de Musset. Un volume in-18 jésus, 3e édition, broché. 3 50

DANTE, SON TEMPS, SON ŒUVRE, SON GÉNIE, étude littéraire et critique, par JOHN A. SYMONDS, traduit de l'anglais par Mlle C. AUGIS, agrégée de l'Université. Un volume in-18 jésus orné d'une reproduction du masque de Dante, broché. 3 50

SOUVENIRS DU SUNDGAU, récits de la Haute-Alsace, par Mme GEVIN-CASSAL. Un volume in-18 jésus, broché. 3 50

BOSSUET, par G. LANSON. — L'homme et l'écrivain, L'orateur, l'éducation du Dauphin, les idées politiques de Bossuet, Bossuet historien, Théologie et controverses religieuses, Bossuet évêque de Condom et de Meaux, Bossuet directeur de conscience, La philosophie de Bossuet. Un beau volume in-18 jésus, broché. 3 50

LE RÈGNE DE L'ENFANT, par Hippolyte DURAND, inspecteur général honoraire de l'Université. — Victor Hugo peintre d'enfants, poésie et réalité, excursion dans la littérature dramatique, conteurs et moralistes. Un joli vol. in-18 jésus, broché. 3 50

LES SCIENCES FIN DE SIÈCLE, par Emile GAUTIER. Un vol. in-18 jésus, broché. 3 50

LES COMÉDIES DE MOLIÈRE EN ALLEMAGNE, LE THÉÂTRE ET LA CRITIQUE, par Auguste EHRHARD, ancien élève de l'Ecole normale supérieure, chargé de cours à la Faculté des Lettres de Clermont-Ferrand. Un fort vol. in-18, broché. 8 »

SCARRON ET LA COMÉDIE BURLESQUE,
par Paul Morillot, professeur à la Faculté
des Lettres de Grenoble. Un volume in-8°,
broché. 8 »

MOLIÈRE A POITIERS EN 1648, et les co-
médiens dans cette ville de 1646 a 1658,
par Bricauld de Verneuil, publié par A.
Richard. Une plaquette in-8°. 2 50

COLLECTION ILLUSTRÉE

DES

CLASSIQUES POPULAIRES

Prix de chaque volume, broché. . . . 1 50
— — *carl. souple, tr. rouges.* 2 50

Chaque volume contient de nombreuses illustrations

VICTOR HUGO, par Ernest Dupuy, inspecteur de l'Académie de Paris, 1 vol.

MICHELET, par F. CORRÉARD, professeur agrégé d'histoire au Lycée Charlemagne, 1 vol.

EMILE AUGIER, par H. PARIGOT, professeur de rhétorique au Lycée Janson-de-Sailly, 1 vol.

MONTESQUIEU, par EDGARD ZEVORT, Recteur de l'Académie de Caen, 1 vol.

BUFFON, par H. LEBASTEUR, professeur agrégé des Lettres au Lycée de Caen, 1 vol.

J.-J. ROUSSEAU, par L. DUCROS, professeur à la Faculté des Lettres d'Aix, 1 vol.

FLORIAN, par Léo CLARETIE, professeur agrégé des Lettres, docteur ès lettres, 1 vol.

CORNEILLE, par EMILE FAGUET, docteur ès lettres, professeur de rhétorique au lycée Janson-de-Sailly, 1 vol.

LA FONTAINE, par LE MÊME, 1 vol.

MOLIÈRE, par H. DURAND, inspecteur général honoraire de l'Université, 1 vol.

Mᵐᵉ DE SÉVIGNÉ, par R. VALLERY-RADOT, lauréat de l'Académie française, 1 vol.

VIRGILE, par A. COLLIGNON, professeur de rhétoriques et maître de conférences à la Faculté des Lettres de Nancy, 1 vol.

PLUTARQUE, par J. DE CROZALS, professeur d'histoire à la Faculté des Lettres de Grenoble, 1 vol.

DÉMOSTHÈNE, par H. OUVRÉ, professeur à la Faculté des Lettres de Bordeaux, 1 vol.

CICÉRON, par M. PELISSON, agrégé des Lettres, inspecteur d'Académie, 1 vol.

HÉRODOTE, par F. CORRÉARD, professeur agrégé d'histoire au Lycée Charlemagne, 1 vol.

BOILEAU, par P. MORILLOT, professeur à la Faculté des Lettres de Grenoble, 1 vol.

BERNARDIN DE SAINT-PIERRE, par DE LESCURE, 1 vol.

RACINE, par PAUL MONCEAU, professeur de rhétorique au Lycée Henri IV, docteur ès lettres, 1 vol.

BLAISE DE MONLUC, par CH. NORMAND,

d'un tourne-vire. — Une conversion difficile. — Le 14 juillet de Moumoutte. — Tom et Fanny, par Cʜ. Normand. — 30 illustrations de Brossé-le-Vaigneur.

BISETTE, par Cʜ. Normand. — Illustrations de René Meunier.

HISTOIRE DU 1ᵉʳ RÉGIMENT DE CHASSEURS D'AFRIQUE, par Fernand-Hue. — 30 illustrations de Gil Baer.

LE FRANC-TIREUR KOLB, par Cʜ. Guyon. — Illustrations de Gil Baer.

LE CARNET D'UN PRISONNIER DE GUERRE, par le Colonel Meyret. — Illustrations de Gil Baer.

SCÈNES ET LÉGENDES, par Guy-Delaforest. — Illustrations de Georges Sauvage.

ISOLINE DU TRIEUX, par C. Rouzé.

RÉCITS CRÉOLES, par Ch. Baissac.

LE PRINCE ET LE PAUVRE, par Mark Twain, traduit de l'anglais avec l'autorisation de l'auteur, par Paul Largillière.

LES SEPT POUSSINS DE LA CLAUDINE, par Mˡˡᵉ POITEVIN.

FLEUR SAUVAGE, par LA MÊME. — Illustrations de FRAIPONT.

DIANA NORVILLE, par LA MÊME. — Illustrations de René MEUNIER.

BLONDE PRINCESSE, par LA MÊME. — Illustrations de René MEUNIER.

LA DETTE DE BLANCHE, par Jenny LENSIA. — Illustrations de MONTADER.

LE DOCTEUR RICHARD, par Alix DU SAULT.

PAUVRE JEAN-MARIE, par Étienne MARCEL.

LE SECRET DE ROCH, par Charles SIMOND.

LE SUPPLICIÉ VIVANT, par P. DURANDAL.

LES VEILLÉES DE TOURAINE, par Alfred MAHON, avec une préface de H. DE PÈNE.

PILLONE, par Guillaume BERGSOE, traduit du danois par Charles SIMOND.

CHRISTIAN, par Henri DE CROISY.

EDITH, par Mˡˡᵉ Lucie DES AGES, un joli vol. in-12.   2 50

AUTOUR DU VILLAGE, par Mᵐᵉ CALMON, un joli volume in-12.   3 50

UN DRAME AU LOGIS DE LA LYCORNE, récit du xvⁱᵉ siècle, par M. LEVIEL DE LA MARSONNIÈRE, un volume in-12.   3 50

LE CARREFOUR DE LA MAISON AUX TROIS GIROUETTES, récit du xvⁱᵉ siècle, par LE MÊME, un vol. in-12.   3 50

BIBLIOTHÈQUE

DE

GÉOGRAPHIE ET DE VOYAGES

NOS PETITES COLONIES, par F. HUE ET G. HAURIGOT. — Saint-Pierre et Miquelon — Le Gabon — La Côte d'Or — Obock — Mayotte — Nossi-Bé — Sainte-Marie de Madagascar — Etablissements français dans l'Inde — Tahiti et ses dépendances — Les Marquises — Les Tuamotu — Les Gambier. — Un fort vol. in-12, 4ᵉ édition, contenant 39 gravures et 3 cartes, broché.   3 50

NOS GRANDES COLONIES, par LES MÊMES :
1re *Partie*, AMÉRIQUE : Les Antilles — La Martinique — La Guadeloupe — Marie-Galante — Les Saintes — La Désirade — Saint-Martin — Saint-Barthélemy — La Guyane. — Un fort vol. in-12, 4e édition, contenant 35 gravures et 3 cartes, broché. 3 50

2e *Partie*, AFRIQUE : La Réunion — Le Sénégal et Madagascar. — Un fort vol. in-12, illustré, avec cartes, broché. 3 50

LES FRONTIÈRES DU TONG-KIN, LE KWANG-TUNG ET LE KWANG-SI, par ARCHIBALD COLQUHOUN, trad. de l'anglais par CH. SIMOND. Un vol. in-12, contenant 30 gravures, broché. 3 50

VOYAGE D'ARCHIBALD COLQUHOUN AU YUNNAN, traduit de l'anglais avec l'autorisation de l'auteur, par LE MÊME. Un vol. in-12, contenant 30 gravures, broché. 3 50

DE FRANCE A SUMATRA, par JAVA, SINGAPOUR ET PINANG, par BRAU DE SAINT-POL-LIAS. 1 fort vol. in-12, avec une carte et 19 gravures, broché. 3 50